DBV

WOLFGANG LÖSCHER

HÖR-Spiele

Sinn-volle Frühpädagogik

DON BOSCO VERLAG

2. Auflage 1986/ISBN 3-7698-0462-7
© by Don Bosco Verlag, München
Fotos: Christa Pilger-Feiler, München
Notengrafik: Michael Hartmann, Bad Hersfeld
Zeichnungen: Adolf Böhm, Aschheim bei München

Inhalt

Vorwort

Mit der Herausgabe der beiden Bücher „SEH-Spiele" und „HÖR-Spiele" unter dem gemeinsamen Untertitel „Sinn-volle Frühpädagogik" geht ein langgehegter gemeinsamer Wunsch meines Freundes Rudolf Seitz und von mir in Erfüllung. Beide Bücher verdanken ihre Entstehung der engagierten und ideenreichen Mitarbeit zahlreicher Erzieher. Die Spielanregungen zu den „HÖR-Spielen" wurden von einem Münchener Erzieherteam unter der Leitung von Bärbel Seffert und Gisela Hagedorn mit Kindern erprobt und weiterentwickelt. Beim Kapitel über die Ohren wirkte Herr Dr. Alexander Deiler beratend mit.

Den schwierigen Versuch, die Hörerlebnisse der Kinder in Bilder umzusetzen, wagte die Münchener Fotografin Christa Pilger-Feiler, die mit ihren Ideen wesentlich zum Gelingen des Buches beigetragen hat.

Allen Mitarbeitern sei an dieser Stelle herzlichst gedankt. Ein Dank auch an die Freunde, die mir beim Verfassen des Buches mit kritischen Kommentaren geholfen haben.

München, August 1982   *Wolfgang Löscher*

Einführung

„Ich habe die Vermutung, daß allem und jedem Kunstsinn
der Sinn für Musik beigesellt sein müsse."

J. W. von Goethe

Von Geburt an erlebt das Kind seine Umgebung als eine Welt voller Stimmen, Klänge und Geräusche. Seine Antworten auf diese „Hörumwelt" sind unterschiedlich: Es
lächelt, wenn die Eltern lieb zu ihm sprechen, und weint, wenn es in hartem Ton zu-
rechtgewiesen wird. Manchen Geräuschen wendet sich das Kind interessiert zu, andere sind ihm gleichgültig oder jagen ihm Angst ein. Zu rhythmischer Musik tanzt es
oder klatscht in die Hände, bei lauter Musik hält es sich erschreckt die Ohren zu.
Aber nicht nur die Antworten auf die Töne der Umwelt sind unterschiedlich, auch die
Umwelt selbst unterscheidet sich bei den einzelnen Kindern in akustischer Hinsicht
oft wesentlich: So leben z. B. manche Kinder in einer ruhigen Gegend auf dem Land,
wo sie höchstens einmal einen Traktor rattern und selten ein Auto fahren hören,
während andere Kinder vielleicht in der Nähe eines Flughafens wohnen und in regelmäßigen Abständen das donnernde Geräusch von Verkehrsflugzeugen über sich er-
gehen lassen müssen.
Auch in seiner nächsten Umgebung ist das Kind von unterschiedlichen Ton- und Ge-
räuschkulissen umgeben: Bei einigen Familien läuft den ganzen Tag Musik über Radio oder Fernseher, andere Eltern dagegen hören nur ausgewählte Musik oder musizieren vielleicht selbst. In der einen Kindergartengruppe herrscht ein sehr hoher
Lärmpegel, während man in einer anderen ab und zu die berühmte Stecknadel fallen
hören könnte.
Die jeweilige akustische Umwelt beeinflußt die Hörgewohnheiten der Kinder und
zum Teil auch ihr Verhalten. So schreien z. B. viele Kinder, weil sie selbst oft ange-
schrien werden. Manche Kinder reagieren in einer lauten Kindergruppe nervös, weil
sie von zu Hause eine ruhige Umgebung gewohnt sind.
Der Erzieher kann die Hörumwelt seiner Kinder und ihre Einstellung dazu teilweise
beeinflussen. Er kann sich z. B. dafür einsetzen, daß Kinder in vernünftigem Ton miteinander sprechen und jeweils auf den Partner hören, er kann den Kindern Musik an-

8

bieten, die ihnen Freude bereitet und die sie zum Tun und Sprechen anregt. Nicht zuletzt kann der Erzieher dazu beitragen, daß die Kinder ihre Umwelt mit allen Sinnen differenziert und kritisch wahrnehmen.

Das vorliegende Buch enthält eine Reihe von Spielanregungen, die das Hören im weitesten Sinne fördern können. Es geht dabei von den folgenden drei Zielvorstellungen aus:

1. Verstärkung des akustischen Unterscheidungsvermögens der Kinder,
2. Erweiterung ihrer Hörerfahrungen durch entsprechende Musikangebote,
3. Verknüpfung der einzelnen Sinneserfahrungen (z. B. Hören und Sehen).

Die Gliederung der „HÖR-Spiele" in die Abschnitte Ohren, Tierohren, Stimmen, Tierstimmen, Instrumente, Geräusche und Musik soll dem Erzieher die Übersicht über die angebotenen Spielaktivitäten erleichtern; eine strenge Systematik ist damit nicht beabsichtigt. Zwischen den einzelnen Themenbereichen können beliebig viele Querverbindungen hergestellt werden. Dem Anliegen einer „Sinn-vollen Frühpädagogik" käme es entgegen, wenn es dem Erzieher gelänge, auch zwischen den „HÖR-Spielen" und den gleichzeitig erschienenen „SEH-Spielen" entsprechende Querverbindungen herzustellen.

Jeder einzelne Themenbereich des vorliegenden Buches beginnt mit einer kleinen Einführung, in der jeweils zum Thema passend Wissenswertes für den Erzieher zusammengestellt wurde. Danach folgen in numerierter Reihenfolge Spielvorschläge zum Thema, die vom Erzieher und den Kindern beliebig verändert werden können und die auch zur Erfindung und Entwicklung neuer Spiele anregen wollen.

Die Fotos sollen nicht nur die praktische Entwicklung und Erprobung der „HÖR-Spiele" in Münchener Kindergärten dokumentieren, sondern sie wollen Erzieher auch anregen, die Spielvorschläge in die eigene Praxis umzusetzen.

Die beigelegte Kassette ermöglicht es dem Erzieher, die im Buch beschriebenen Musikhörbeispiele sofort in die Praxis umzusetzen. Weitere geeignete Musikbeispiele findet sicher jeder Erzieher in seiner eigenen Platten- oder Kassettensammlung.

Ohren

Besucher von Diskotheken haben es sicher schon erlebt: Töne kann man nicht·nur hören, sondern gelegentlich auch spüren. Einen sehr lauten, tiefen Baßton, der entsprechend seiner niedrigen Frequenz sehr langsam schwingt, nehmen wir nicht nur mit den Ohren wahr, sondern auch als Vibration mit der Haut, vor allem mit der Bauchhaut. Diese Erscheinung weist uns darauf hin, daß das Ohr – ähnlich dem Tastsinn – mit der Umwelt spürbaren, direkten Kontakt aufnimmt. Diese Nähe des Gehörs zum Hautsinn ist sicher zum Teil die Ursache dafür, daß wir uns von Musik gefühlsmäßig „berühren" lassen können, ja, daß ein musikalisches Hörerlebnis regelrecht zum Genuß werden kann. Allerdings gibt es auch Hörerlebnisse, die uns unangenehm berühren oder sogar schmerzen, wie z. B. Lärm.

Im Gehirn liegt das Hörzentrum, in dem die vom akustischen Empfangsorgan (Cortisches Organ) ausgehenden Nervenbahnen enden, direkt neben der Endstation der vom Tastsinn ausgehenden Impulse. Auch hier wird die Verwandtschaft zwischen Gehör- und Tastsinn offenbar. Daß akustische Ereignisse schließlich auch Gegenstände „berühren" können, wird deutlich, wenn bei einem starken Knall oder bei bestimmten Frequenzen z. B. Gläser klirren oder gar zerspringen. Die Bibel liefert uns hier ein anschauliches Beispiel mit den Posaunen von Jericho, die Mauern zum Einsturz gebracht haben sollen.

Kindern kann leicht veranschaulicht werden, daß zwischen Hören und Fühlen ein enger Zusammenhang besteht, wenn wir sie z. B. mit den Fingerspitzen fühlen lassen, wie eine angeschlagene Metallophonplatte oder Klaviersaite schwingt. Schwieriger wird es, wenn wir Kindern den Hörvorgang erklären wollen, denn der Weg des Schalls vom Außenohr zum Gehirn ist äußerst kompliziert.

Etwas vereinfacht könnte man den Weg wie folgt beschreiben: Schall besteht aus Druckschwankungen. Wenn ein Gegenstand ein Geräusch verursacht – z. B. ein rasselnder Wecker –, dann entstehen Druckwellen, die durch die Luft weitergeleitet werden. Auch andere Medien wie z. B. Holz leiten die Schalldruckwellen weiter. Ein auf einem Holztisch liegendes Lineal, das über die Tischkante hinausragt, kann man bekanntlich durch kurzes Anreißen am Linealende zum Schwingen bringen. Die Schwingungen sind besonders gut hörbar, wenn man das Ohr an irgendeiner Stelle auf die Tischplatte legt.

Die *Ohrmuschel* fängt den Schall auf, der durch den Gehörgang auf das *Trommelfell* trifft. Das Trommelfell ist eine dünne Membran, die die Luftschwingungen über drei kleine Knochen – bekannt unter den Namen „Hammer", „Amboß", „Steigbügel" – auf eine weitere Membran, das ovale Fenster, überträgt. Durch das ovale Fenster gelangen die Schwingungen in die *Schnecke.* Im Innern der Schnecke, die mit einer

Töne kann man auch spüren.

Flüssigkeit gefüllt ist, befindet sich ein äußerst raffinierter Mechanismus, der die ankommenden Druckveränderungen in elektrische Signale umwandelt. Diese werden über die vielen tausend Fasern der Hörnerven an das Gehirn weitergeleitet (vgl. Abb. S. 12).

Für Kinder im Vorschulalter genügt folgende Erklärung über den Weg der Töne: Die Ohrmuschel fängt die Stimmen, Töne und Geräusche auf. Im Gehörgang werden die Stimmen, Töne und Geräusche an das Trommelfell weitergeleitet. Von dort aus gelangen sie in unser Gehirn.

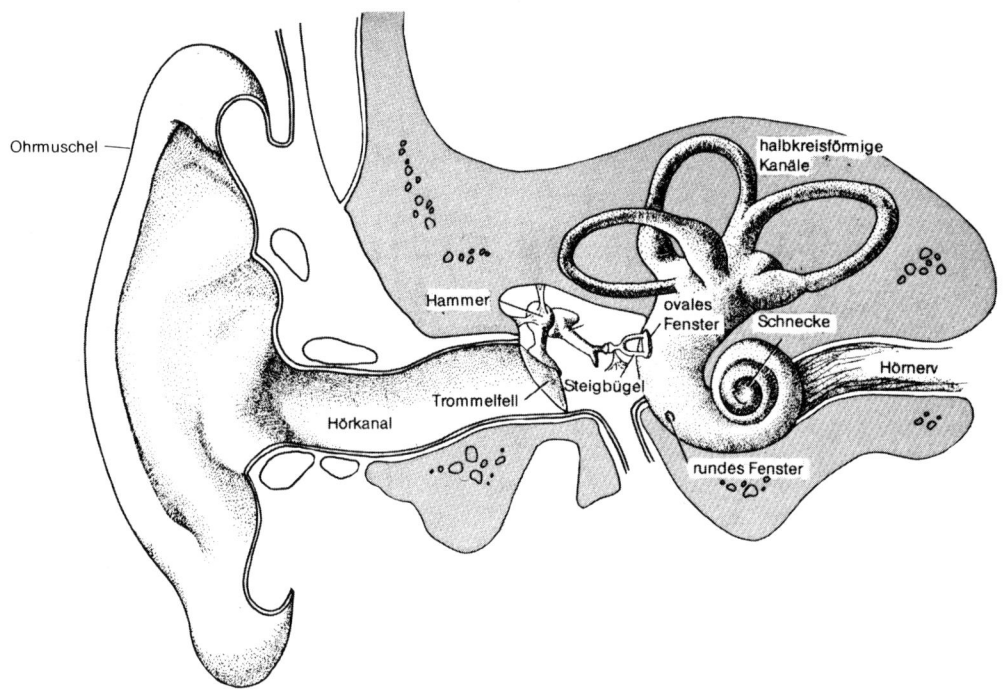

Ohrmuschel

halbkreisförmige Kanäle

Hammer

ovales Fenster

Schnecke

Steigbügel

Hörnerv

Trommelfell

Hörkanal

rundes Fenster

Wichtig ist u. a., daß wir die Kinder auf die leichte Verletzbarkeit des Ohres, besonders des Trommelfells hinweisen. Ein Vergleich des Trommelfells mit dem Fell einer Handtrommel, das ebenso wie das Trommelfell des Ohres reißt, wenn man z. B. mit einem spitzen Gegenstand hineinsticht, bietet sich an. Die leichte Verletzbarkeit des Trommelfells kann man auch an einer Büchse demonstrieren, über deren Öffnung ein Seidenpapier gespannt wird. Schon ein leichtes Kratzen auf dem Seidenpapier hat in der Regel einen Riß zur Folge. Vor allem im Hinblick auf die Säuberung der Ohren ist aus ärztlicher Sicht grundsätzlich folgendes zu beachten:

Spitze Gegenstände haben in der Ohrmuschel bzw. in der Nähe des Gehörgangs nichts zu suchen. Der Gehörgang ist im Normalfall so konstruiert, daß das Ohrenschmalz von selbst nach außen läuft. Jeglicher Versuch, das Ohr mit spitzen Gegenständen zu reinigen, wirkt diesem natürlichen Vorgang entgegen. Durch das Herumstochern im Ohr wird lediglich erreicht, daß das Ohrenschmalz nach hinten vor das Trommelfell geschoben wird. Die Folge ist eine Hörverschlechterung. Nicht selten kommt es dabei auch zu einer Verletzung des Trommelfells. Neigt ein Kind zu starker Ohrenschmalzbildung, so empfiehlt es sich, in regelmäßigen Abständen den Ohrenarzt aufzusuchen, der dann in der

Regel das Ohr fachgerecht ausspült. Gegen eine Reinigung der äußeren Ohrmuschel mit einem Waschlappen gibt es keine ärztlichen Bedenken. Wasser, das z. B. beim Schwimmen in den Gehörgang gelangt ist, kann in der Regel durch Rütteln an der Ohrmuschel und entsprechende Seitenlagerung des Kopfes wieder entfernt werden.

Die folgenden Spiele befassen sich mit den Ohren unmittelbar; sie gehen aber auch auf wichtige Hörvorgänge wie z. B. das Richtungshören ein.

1. Verschiedene Ohren

Kinder vergleichen ihre Ohren miteinander.

1.1 Die Kinder vergleichen ihre Ohren untereinander. Sie stellen dabei z. B. fest, daß die Ohrläppchen bei den einzelnen Kindern unterschiedlich angewachsen sind. Wenn ein Kind stark abstehende Ohren hat, sollte man dies selbstverständlich taktvoll übersehen bzw. nicht als Makel bezeichnen. Im Anschluß an das Betrachten können wir versuchen, einzelne Kinder an den Ohren erkennen zu lassen, indem wir den ganzen Körper eines Kindes mit einem Tuch oder Zeitungspapier zudecken und dabei nur die Ohren freilassen. Wir vergleichen auch Kinder- und Erwachsenenohren miteinander. Der folgende kurze Praxisbericht zeigt das große Interesse der Kinder an ihren Ohren:

Jan geht als erster von einem Kind zum anderen, um festzustellen, ob ein Ohr dem anderen gleich ist. Er findet: „Es gibt größere und kleinere Ohren." Als nächstes marschiert Alexandra herum. Sie betrachtet die Ohren der Kinder genauer. Bei jedem Kind streicht sie die Haare hinter die Ohren. Sie schaut auch hinter die Ohrmuschel. Ihr Kommentar: „Manche Ohren sind anders." Die Erzieherin fragt: „Wie anders?" — „Anders halt", antwortet Alexandra. Jenny schaut Martins Ohren an und ruft: „Hat der aber rote Ohren!" Andere Kinder stellen beim Betrachten der Ohren fest, daß die „Löcher" verschieden sind. Auch die Ohrläppchen finden das Interesse der Kinder, besonders die stärker angewachsenen.

Während die Kinder ihre Ohren betasten, stellen sie fest: „Manchmal ist da etwas härter, manchmal weicher. Hinten ist es weich."
Peter stellt schließlich noch fest, daß man die Ohren ein bißchen bewegen kann, wenn der Unterkiefer hin und her bewegt wird.

1.2 Wir betasten unsere Ohrmuschel und sprechen darüber, was wir dabei fühlen — und auch hören. Jedes Kind versucht auf ein Zeichen (z. B. ein Ton des Glockenspiels) mit der rechten Hand sein linkes Ohrläppchen und mit der linken sein rechtes gleichzeitig zu fassen.

1.3 Aus Zeitungen und Illustrierten schneiden die Kinder Köpfe aus, bei denen man die Ohren sieht. Die ausgeschnittenen Köpfe werden zu einer Collage zusammengeklebt.

1.4 Die Kinder versuchen Ohren zu malen. Anschließend können wir Bilder klassischer Maler, Karikaturen in Comic-Heften und Bilder von Menschen in Bilderbüchern betrachten, wobei wir ganz besonders auf die Ohren achten. Beim Betrachten von Ohren in Comic-Heften fanden die Kinder folgende interessante Vergleiche: . . . wie ein Punkt, . . . wie ein „S", . . . wie eine Drei, . . . wie ein „C", . . . wie eine Neun, . . . wie ein „G". Außerdem fanden sie geringelte, ovale, längliche, dreieckige, spitze, rechteckige, kleine und runde Ohren.

Michelangelo: Sibilla Eritraea.

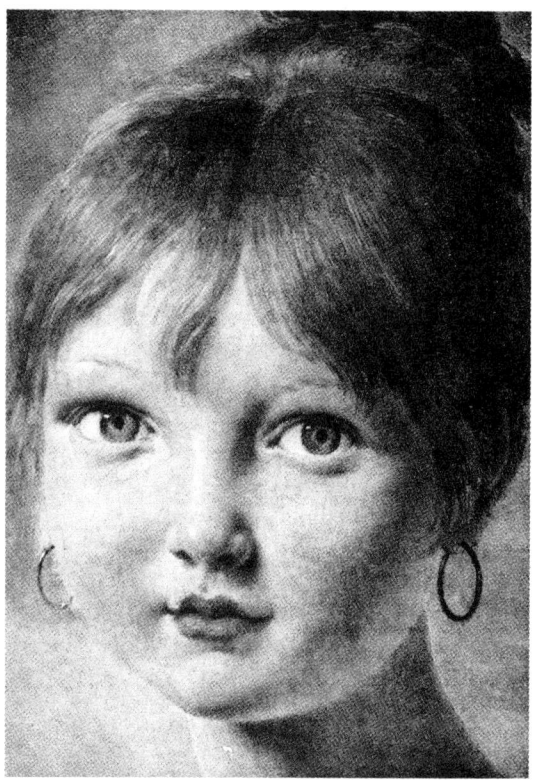

Pierre-Narcisse Guérin: Porträt seiner Tochter.

2. Besser hören

2.1   Wir vergrößern die Ohrmuschel, indem wir beide Hände an die Ohren halten. Wir vergleichen die Lautstärken, die wir mit und ohne Hände an den Ohren hören.

2.2   Die Kinder halten ihre Ohren auf den Boden und achten dabei auf die Schritte von Kindern, die im Raum umhergehen. Der Versuch kann auf verschiedenen Böden durchgeführt

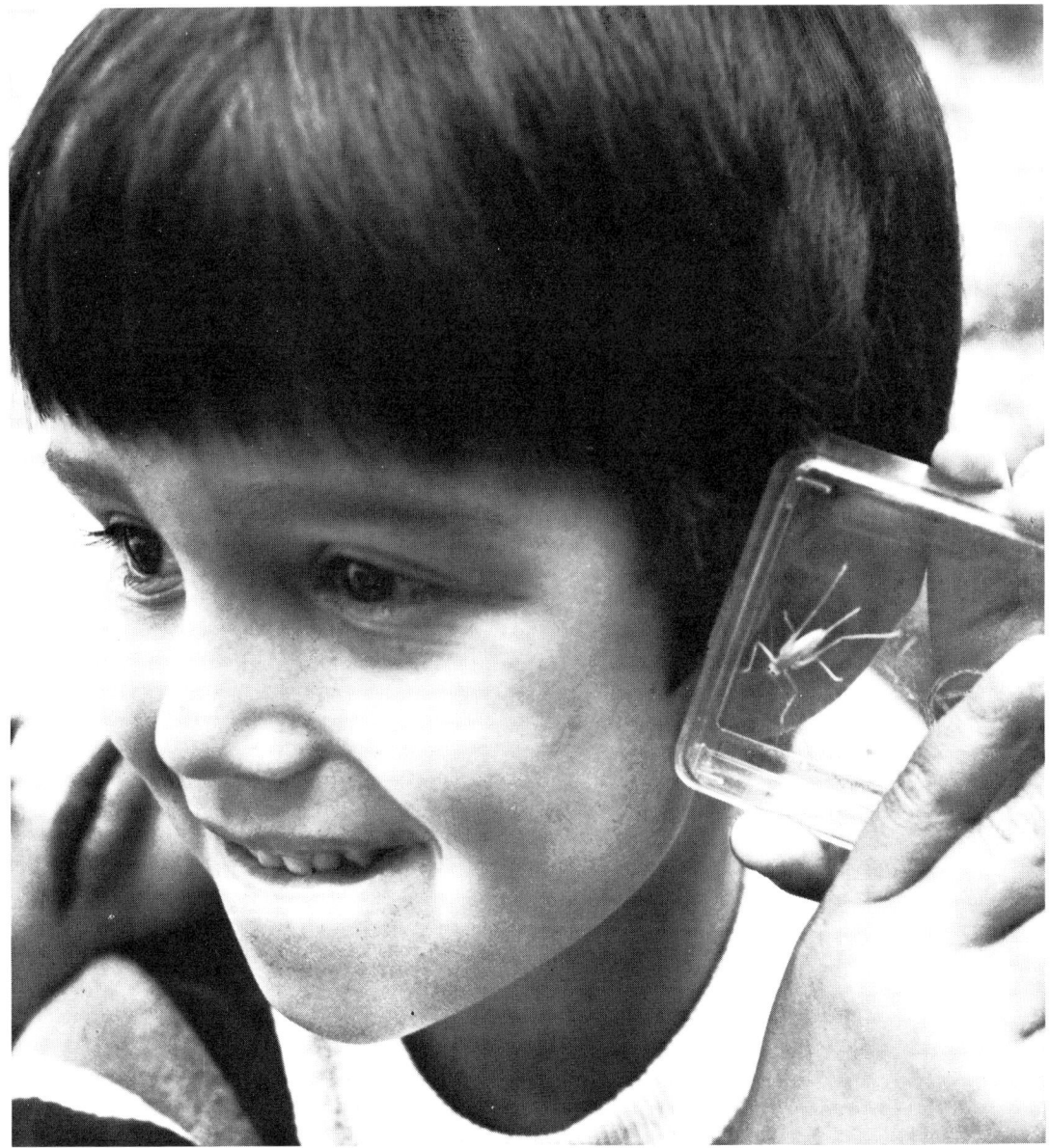

werden; wir kommen dabei zu unterschiedlichen Hörergebnissen (z. B. dämpft ein Grasboden die Schritte mehr als ein Holzboden). Auch das Schuhwerk spielt bei dem Versuch eine Rolle: Holzsandalen sind wesentlich lauter als Filzpantoffeln.

2.3 Eine Papprolle dient uns als Hörrohr.
Wir hören mit dem Hörrohr Schritte am Boden. Die Kinder legen das Hörrohr an die Tischplatte und lauschen, wie Kratzen, Wischen und Klopfen auf der Tischplatte klingen. Sie geben sich über das Hörrohr eine Flüsterbotschaft gegenseitig weiter.
Wir können mit den Kindern auch über die Unart des Horchens an der Tür sprechen, das im übrigen auch gefährlich wird, wenn z. B. die Tür plötzlich geöffnet wird.

2.4 Wir können mit den Kindern auch über Hörbehinderungen sprechen und ihnen erklären, welche technischen Hilfen es zu deren Bewältigung gibt. Die folgende Geschichte, die auch als Rollenspiel durchgeführt werden kann, ist als Einstieg in die Problematik der Schwerhörigkeit gedacht:
„Alle Kinder in der Lautstraße kennen Frau Taub. Frau Taub hört schlecht. Wenn man ihr etwas sagen will, muß man es zwei- oder dreimal und sehr laut sagen. Das ist besonders schlimm, weil Frau Taub ein kleines Geschäft hat, in dem es neben vielen anderen leckeren Dingen auch Eis gibt. Wenn man z. B. ein Himbeereis will, muß man sehr laut sagen: „Ein Himbeereis, bitte!" Es kann geschehen, daß Frau Taub die Hand hinter die Ohrmuschel hält und fragt: „Wie bitte?" Dann muß man lauter sprechen und sagen: „Ein Himbeereis, bitte!" Ein Junge mit Namen Max ärgert Frau Taub immer und sagt zu ihr oft unsinnige Dinge, wenn er in das Geschäft kommt, denn er weiß, daß Frau Taub ihn fast nicht versteht. So sagte er neulich zu Frau Taub: „Ein Schlangeneis, bitte!" – „Wie bitte?" fragte Frau Taub. „Ein Schlangeneis, bitte!" gab Max zur Antwort. Darauf Frau Taub: „Orangeneis habe ich nicht!" Max mußte über die Verwechslung sehr lachen.
Eines Tages sagte Max zu seinen Freunden: „Kommt mit, ich zeige euch, wie man Frau Taub necken kann!" Die Freunde gingen mit Max in das Geschäft von Frau Taub. Max sagte frech: „Ein Schlangeneis, bitte, du taube Nuß!" Frau Taub lächelte und sagte: „Lieber Max, Schlangeneis gibt es nicht, und eine taube Nuß bin ich auch nicht mehr, denn ich habe jetzt ein Hörgerät." Frau Taub zeigte den Kindern einen kleinen Apparat, den sie hinter dem Ohr trug. „Der Apparat macht eure Stimmen so laut, daß ich sie gut verstehen kann", erklärte Frau Taub. Die Kinder waren beeindruckt. Max versprach: „Ich werde Sie nie mehr ärgern, Frau Taub." – „Das hoffe ich", sagte Frau Taub und schenkte jedem Kind ein Himbeereis."
Im Anschluß an diese Geschichte können wir mit den Kindern ein Geschäft besuchen, in dem es Hörgeräte gibt. Vielleicht findet sich ein freundlicher Verkäufer, der den Kindern ein Gerät vorführt. (Den Besuch vorher vereinbaren!)

Wir hören besser, wenn unser Ohr nahe an der Geräuschquelle ist.

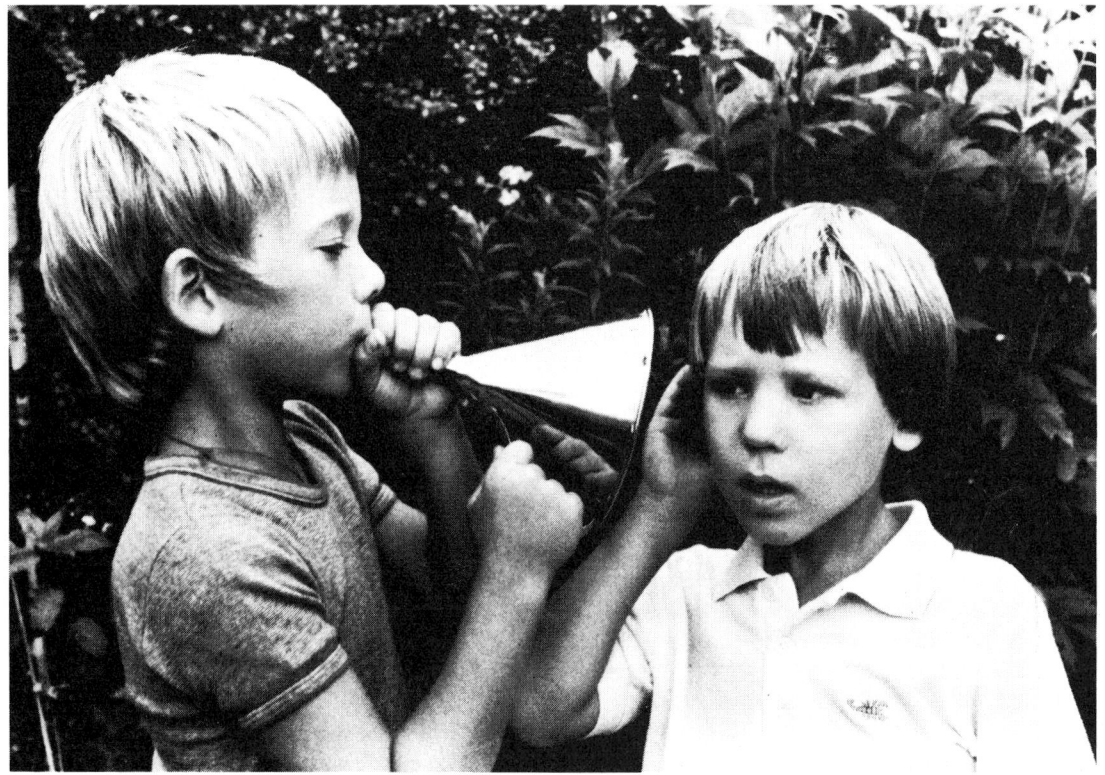

Über einen Trichter wird die Stimme verstärkt.

Arzt-Spielen mit echtem Stethoskop macht großen Spaß.

3. Das Ohr kontrolliert

3.1   Kinder wissen meist aus eigener Erfahrung, daß der Arzt bei einer Untersuchung den Patienten in der Regel „abhört". Er legt z. B. eine Hand auf den Bauch des Patienten und klopft mit der anderen auf den Handrücken. Klingt das Klopfen hohl, ist der Bauch meist etwas gebläht. Durch Abklopfen ihres eigenen Körpers können die Kinder feststellen, wo in ihrem Körper Hohlräume sind. Fasziniert sind die Kinder, wenn sie mit einem echten ärztlichen Abhörgerät spielen dürfen und dabei Herztöne hören. Auch mit einem Papprohr kann man Herztöne abhören oder noch einfacher, indem man das Ohr dicht an die Brust eines Kindes hält.

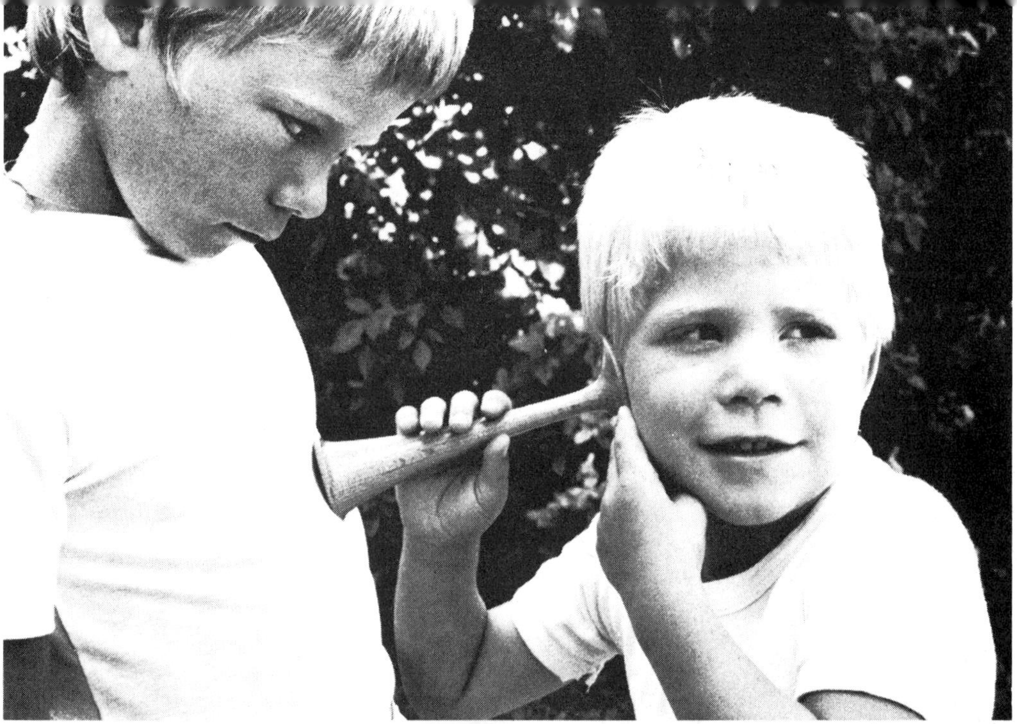

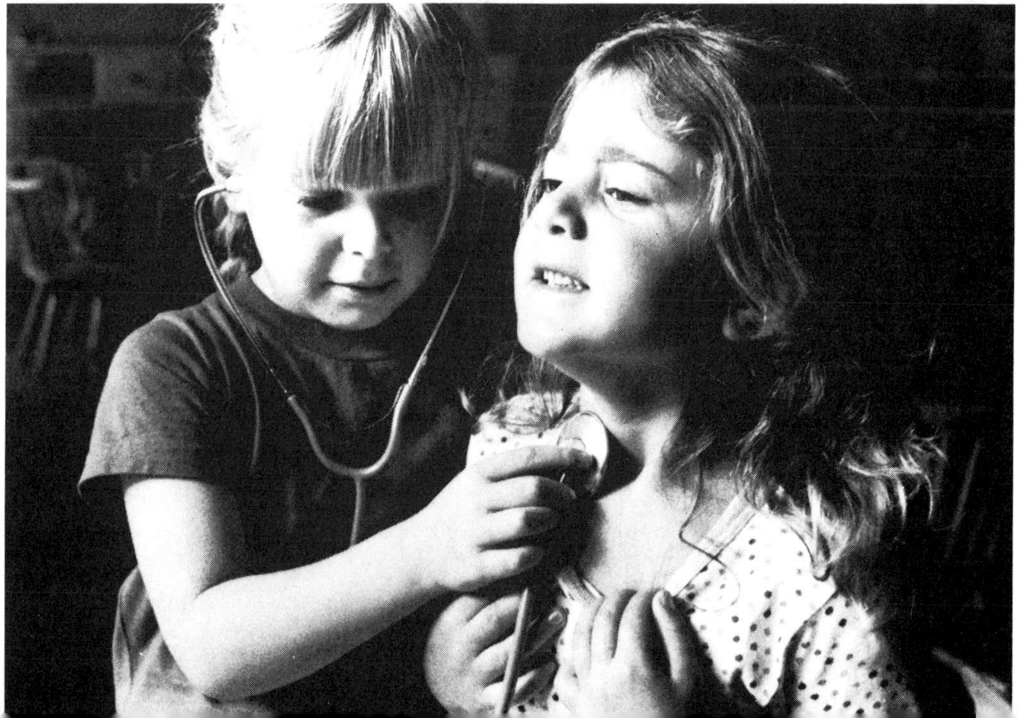

3.2   Bei einem Automechaniker können die Kinder erfahren, wie man Motorschäden und falsch eingestellte Motoren hört: z. B. ruhiger, gleichmäßiger Motorenlauf im Gegensatz zu einem unruhig und ungleichmäßig laufenden Motor.

3.3   Die Kinder versuchen bei einem Radio einen Sender klar und ohne Verzerrungen einzustellen. Ist bei dem Gerät eine getrennte Höhen- und Tiefeneinstellung vorhanden, lassen wir die Kinder unterschiedliche Einstellungen erproben. Häufig drehen Kinder und auch Erwachsene die Höhen weg, weil sie meinen, daß dann Musik besser klingt. In Wirklichkeit schneidet man damit wichtige Frequenzen ab, die für ein natürliches Musikerlebnis notwendig wären. Bässe werden gerne aufgedreht, weil dann die Musik — wie am Anfang dieses Kapitels bereits erwähnt — auch spürbar wird.

3.4   Beim Musizieren muß das Ohr u. a. zuerst kontrollieren, ob die Instrumente richtig stimmen. Man versuche einmal mit Kindern zusammen eine Gitarre zu stimmen, indem man den jeweils zu stimmenden Ton mit dem Klavier vorgibt. Die Kinder sollen dann sagen, ob der Gitarrenton heller oder dunkler klingen muß.
In der Regel hören Kinder im Vorschulalter nur sehr große Helligkeits- bzw. Tonhöhenunterschiede.
Beim Stimmen der Gitarre der Erzieherin fuhr einmal zufällig ein Feuerwehrauto mit lautem Ta-tü-ta-ta vorbei. Die Kinder machten die Erzieherin darauf aufmerksam, das Signal klinge wie die Gitarrensaiten a – d.

Ob der Ton wohl stimmt?

Dieses Beispiel zeigt, daß die Kinder besonders einprägsame Tonsprünge wie z. B. den Quartsprung a – d erkennen können.
Für die Kinder ist es interessant, einmal einem Klavierstimmer bei der Arbeit zuzuhören.

3.5   Wir überlegen mit den Kindern, welche Berufe es gibt, bei denen das Ohr etwas kontrollieren muß: Musiker, Ärzte, Automechaniker, Uhrmacher, Tontechniker u. ä. Auch die Eltern und Erzieher kontrollieren mit ihren Ohren, ob die Kinder ruhig sind, wenn sie z. B. schlafen sollen.

3.6   Wir suchen Beispiele für Gelegenheiten, bei denen uns das Ohr warnt: Hupe, Polizeisirene, Radglocke, pfeifender Wasserkocher u. ä. Die Kinder schneiden entsprechende Bilder aus Illustrierten und Katalogen aus und kleben sie zu einer Collage zusammen, evtl. ergänzt durch eigenes Malen.

4. Richtungen hören

Die Fähigkeit, mit den Ohren Richtungen bzw. plastisch-räumlich zu hören, beruht, ähnlich wie beim Sehen, auf dem sogenannten Stereoeffekt: Treffen die Schallschwingungen gleichzeitig auf unsere beiden Ohren, so haben wir den Eindruck, der Ton kommt von vorne. Befindet sich jedoch eine Schallquelle links von uns, so erreicht der Schall Bruchteile von Sekunden das linke Ohr vor dem rechten Ohr. In unserem Hirn werden die Zeitunterschiede der Hörempfindung des rechten und linken Ohres auf hunderttausendstel Sekunden genau erfaßt und miteinander verglichen; daraus wird eine Richtungsvorstellung abgeleitet. Die folgenden Spiele haben schwerpunktmäßig das Thema „Richtung".

4.1   Die Kinder sitzen mit geschlossenen Augen im Raum verteilt. Ein Kind geht, während es ein Instrument spielt (z. B. Triangel schlagen), im Raum umher. Die anderen Kinder wenden ihren Kopf immer in Richtung des Instrumentenklanges. Anschließend versuchen alle Kinder den Weg des Instruments nachzugehen. Anstatt ein Instrument zu spielen, kann das sich im Raum bewegende Kind auch laute Schritte machen.

4.2   Die Kinder sitzen in einer Reihe mit geschlossenen Augen. Der Erzieher läßt einen Ball, eine Kugel oder einen Reifen die Reihe entlang rollen. Die Kinder deuten mit den Händen jeweils in die Richtung, aus der sie das Geräusch gerade hören.

4.3   Wir gehen mit den Kindern zu einer verkehrsreichen Straße und versuchen mit geschlossenen Augen zu hören, aus welcher Richtung jeweils Autos kommen.

4.4   Die Kinder sitzen im Kreis; jedes Kind hat ein Instrument vor sich. In der Mitte des Kreises sitzt ein Kind mit verbundenen Augen. Der Erzieher bestimmt durch stummes Deuten

Von woher kommt das Geräusch?

Die Ohren zeigen den Weg. ▶

ein Kind im Kreis, das mit seinem Instrument spielen soll. Errät das Kind in der Mitte die Richtung, woher der Instrumentenklang kommt, geht das Kind, das gerade gespielt hat, in die Mitte des Kreises als Rater.

4.5 Je zwei Kinder bilden ein Paar. Ein Kind versucht den Partner, der die Augen geschlossen hat, nur mit Hilfe von Tönen oder Geräuschen (z. B. mit Schellengerassel) sicher durch den Raum zu führen.

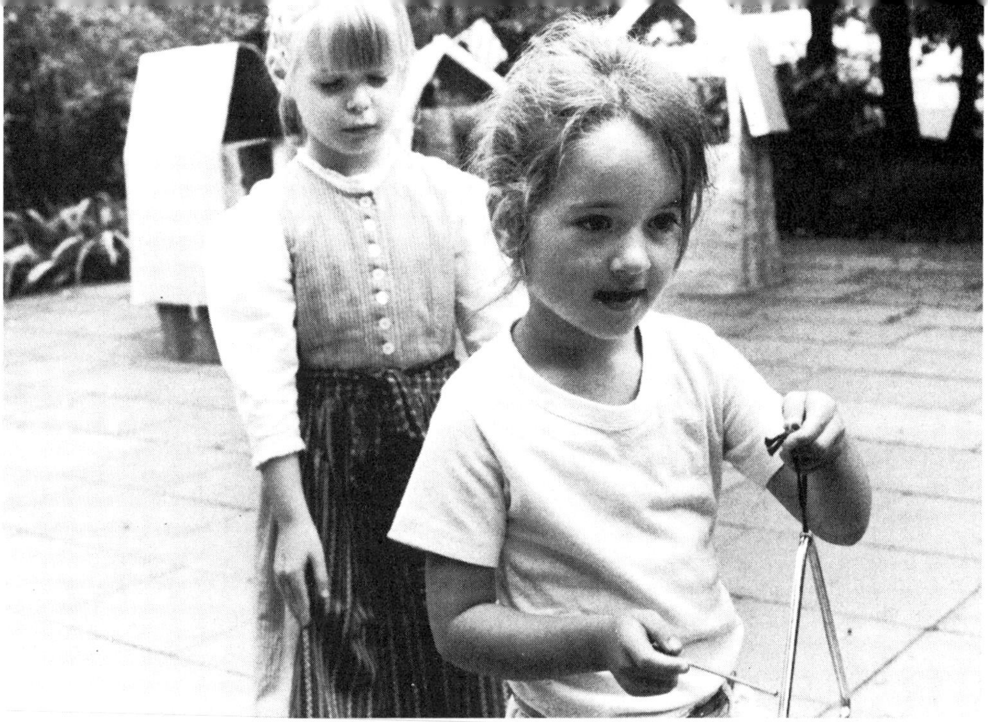

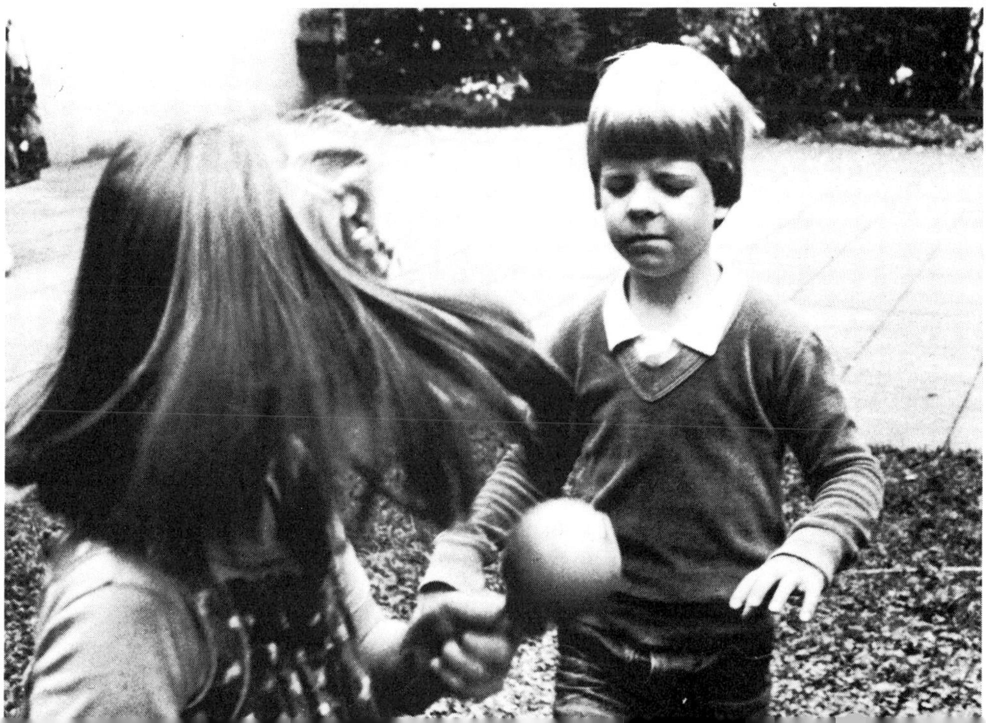

5. Ohrenschmuck

5.1 Die Kinder basteln aus farbigen Papierstreifen Ohrringe. Es können auch mehrere Papierringe zusammengehängt werden.

5.2 Die Kinder betrachten im Schaufenster eines Juweliers Ohrringe und versuchen anschließend die Ohrringe zu malen, die ihnen besonders gefallen haben.

5.3 Auf Bildern und Fotografien sind gelegentlich Ohrringe zu entdecken. Einige Naturvölker haben eine Vorliebe für große Ohrringe. Wir zeigen den Kindern hierzu entsprechende Bilder, z. B. von Afrikanerinnen mit Ohrringen.

5.4 Einige Kinder der Gruppe bilden eine Instrumentengasse: Die Kinder sitzen sich in zwei geraden Reihen gegenüber, jedes Kind hat ein Instrument vor sich. Andere Kinder der Gruppe hängen sich die selbstgebastelten Ohrringe um und gehen durch die Gasse. Hängen z. B. nur am rechten Ohr Ringe, spielt nur die rechte Instrumentenreihe. Hängen an beiden Ohren Ringe, spielen beide Reihen.
Eine Variation hierzu erfordert größere Aufmerksamkeit. Hängen z. B. am linken Ohr des Kindes, das durch die Instrumentengasse geht, mehrere Ohrringe, muß die linke Instrumentenreihe laut spielen. Ein Ring am rechten Ohr würde für die rechte Instrumentenreihe »leise« spielen bedeuten.

5.5 Die Kinder schmücken ihre Ohren mit Kirschen und anderen Naturmaterialien. Anschließend führen sie mit ihren Ohrringen eine Modenschau vor.

Wer hat die schönsten Ohrringe?

Tierohren

Im Märchen fragt das Rotkäppchen den Wolf: „Großmutter, warum hast du denn so große Ohren?" Der Wolf antwortet: „Damit ich dich besser hören kann."
In Wirklichkeit hängt jedoch die Hörfähigkeit von Tieren nicht von der Größe ihrer Ohren ab. Der Elefant verwendet seine großen Ohrmuscheln nicht nur zum Hören. Er benutzt sie z. B. als Kühlflächen, wenn es ihm zu heiß wird. Die Haut des Elefantenohres ist verhältnismäßig dünn und enthält erweiterungsfähige Blutgefäße, aus denen Wärme abgestrahlt werden kann. Auch der Fuchs der Tropen, der Fenek, hat im Verhältnis zum europäischen Fuchs unverhältnismäßig große Ohren, die er wie der Elefant als Kühlsystem benutzen kann.
Bei vielen Tieren wird der schon im Kapitel »Ohren« beschriebene Zusammenhang zwischen Hören und Fühlen besonders deutlich. Die Biene hört z. B., indem sie Schwingungen in Festkörpern erfühlt.
Ihr kennzeichnendes Summen hört sie nicht, sondern sie fühlt es. Wenn die Biene auf einem Festkörper steht, werden die Summschwingungen durch den festen Körper zu anderen Bienen geleitet, die sie mit den Beinen fühlen. Außer mit den Beinen „hören" sie auch mit den Fühlern, an denen sich auf bestimmte Schwingungen spezialisierte Rezeptoren befinden. Wenn die Biene in den Stock zurückkommt, nähern sich ihr andere Bienen und betasten ihre Brust mit den Fühlern; auf diese Weise kann die Biene mitteilen, wo es Futter gibt. Diese Mitteilungsmethode ermöglicht es den Bienen, zu einigen anderen Bienen inmitten eines allgemeinen Summens zu „sprechen", das sonst jede individuelle Äußerung übertönen würde.
Bienenköniginnen haben ihre eigene königliche Sprache, deren Grundton bei 300 bis 380 Hertz liegt. Die Obertöne reichen bis zu 1500 Hertz.
Die Bienen haben noch eine zweite Sprache, nämlich die von dem Forscher Karl v. Frisch entdeckte und entzifferte Tanzsprache.
Neben dem unterschiedlichen Aussehen der Tierohren interessiert Kinder vor allem ein anderes wesentliches Merkmal, nämlich ihre Bewegungsfähigkeit. Die Ohrbewegung dient nicht nur der Ortung von Richtungen, aus denen der Schall kommt, sie zeigt bei vielen Tieren auch ihre jeweilige Stimmung an. Das Ohren-Auseinanderstellen und Klatschen kann z. B. beim Elefanten ein Zeichen für einen Angriff sein oder soll dem Gegner imponieren. Interessant ist die Ohrensprache der Hunde mit Stehohren, der Katzen und der Pferde. Aus der jeweiligen Ohrenstellung dieser Tiere kann abgelesen werden, ob das Tier friedlich, aufmerksam oder angriffslustig ist.

»Paß auf, gleich reicht es mir!«   »Achtung!« Auch: »Vorsicht!«   »Ich bin ganz Ohr!«   »Alles okay!«

Von links nach rechts wird das Drohen des Hundes immer ernsthafter. Danach wird er angreifen.
Beide Abbildungen aus: Ulrich Klever, Geheimsprachen der Tiere. © 1977 C. Bertelsmann Verlag GmbH, München.

1. Unterschiedliche Tierohren

1.1 Bei einem Spaziergang im Tierpark oder beim Besuch eines Bauernhofes betrachten wir die Ohren der Tiere näher und vergleichen sie untereinander. Wir achten darauf, ob die Tiere ihre Ohrmuschel in unsere Richtung stellen, wenn wir ihnen rufen. Im Anschluß an den Tierbesuch malen die Kinder Tierohren. Sie finden dabei viele Vergleiche, z. B.: „Eselsohren sehen aus wie Bananen!"

1.2 Die Kinder schneiden aus Zeitschriften und Illustrierten Tierköpfe aus. Anschließend können z. B. Tiere mit großen Ohren auf ein Blatt und Tiere mit kleinen Ohren auf ein anderes Blatt geklebt werden. Tiere ohne Ohrmuscheln wie z. B. Fische lassen wir auf ein eigenes Blatt kleben. (Die fehlende Ohrmuschel bedeutet nicht, daß Fische nichts hören können.

Heringe z. B. verständigen sich durch feine zirpende Geräusche.)

1.3 Die Tierohrenbilder können auch nach anderen Gesichtspunkten geordnet und geklebt werden, z. B. Tiere mit Stehohren und Tiere mit Hänge- oder Schlappohren; oder sehr bewegliche und weniger bewegliche Tierohren.

1.4 Die Kinder schneiden bei Tierbildern die Ohren aus. Anschließend wird geraten, zu welchem Tier die jeweiligen Ohren gehören.

1.5 Die Kinder kostümieren sich mit großen Tierohren, die sie vorher aus Pappe ausgeschnitten haben. Bei einem Zirkusfest könnten die Kinder dann als Tiere auftreten. Mit Tierohren kostümiert, spielen sie auch gerne Tierpark.

◄ Wohin gehören die Ohren?

Im Zoo können wir Tierohren miteinander vergleichen.

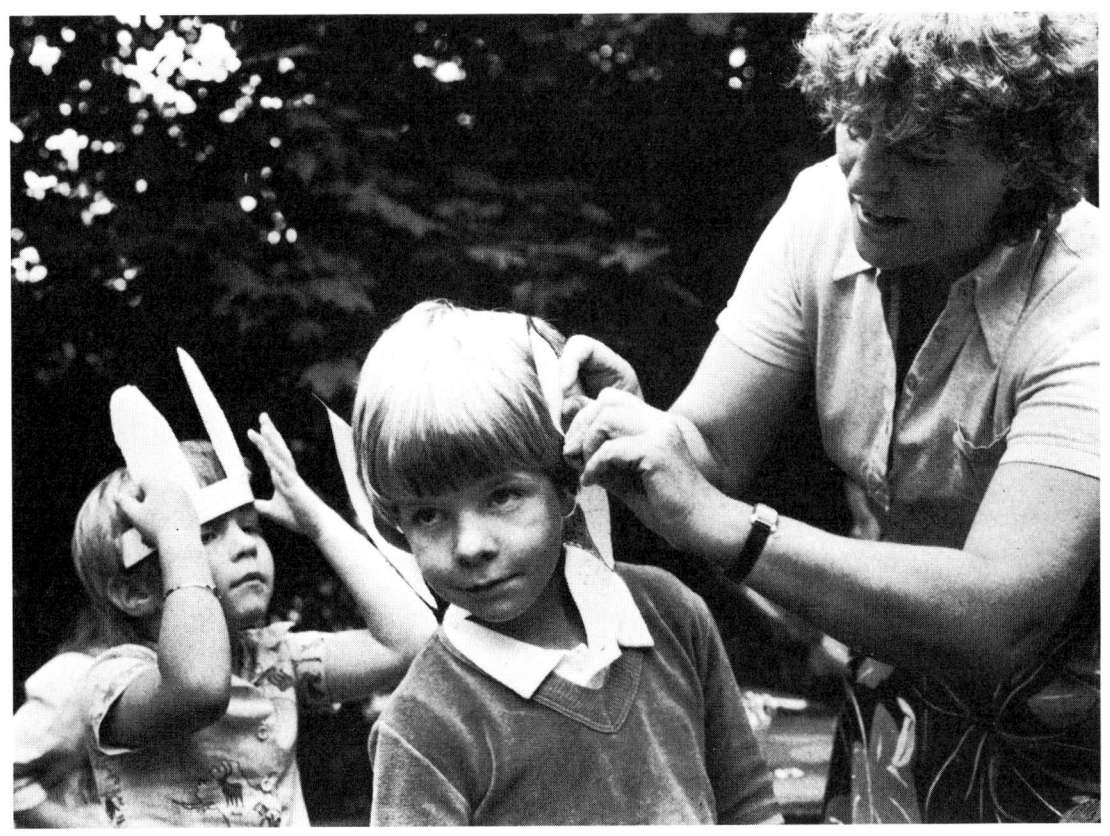

2. Menschen- und Tierohren

2.1   Eine lustige Collage, die den Kindern sehr viel Spaß bereitet, entsteht, wenn man ausgeschnittene Tierohren auf Menschenbilder klebt. Bei dieser Arbeit kommen die Kinder manchmal darauf, daß sich z. B. die Ohren eines Schimpansen nur wenig von Menschenohren unterscheiden. Besonderen Spaß macht es den Kindern, Tierohren an ein Foto eines Familienmitglieds oder eines Freundes anzukleben.

2.2   Wir lesen den Kindern die Geschichte vom kleinen König mit den Eselsohren vor (aus 99 Minutenmärchen von K. Recheis u. F. Hofbauer, Verlag Herder, Freiburg).

Stimmen

Im Märchen „Der Wolf und die sieben Geißlein" erkennen die Geißlein den Wolf an seiner tiefen Stimme. Wie wir wissen, färbt der Wolf daraufhin seine Stimme heller, indem er weiße Kreide frißt. Es ist interessant, wie hier zwischen dem Hören und Sehen eine Verbindung geschaffen wird. Hohe Töne werden mit heller bzw. weißer Farbe verbunden. Dies entspricht auch der allgemeinen Erfahrung, daß Kinder Helligkeitshörer sind, d. h., daß sie in der Regel hohe Töne mit hellen Farben und tiefe Töne mit dunklen Farben verbinden.

Die einfachste Unterscheidung, die bei Stimmen getroffen werden kann, ist die Einteilung in dunkle und helle Stimmen. Zunächst werden dunkle Stimmen Männern und helle Stimmen Frauen und Kindern zugeordnet. Ein Vergleich der *Sprechlagen* macht dies deutlich: Der Tonumfang beim Sprechen reicht bei Männern vom a bis zum e, bei Frauen und Kindern ist der Tonumfang ähnlich, nur eine Oktave höher.

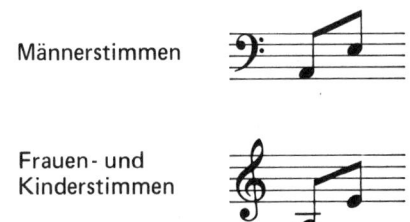

Männerstimmen

Frauen- und Kinderstimmen

Eine weitere Unterscheidung wird jeweils innerhalb der Männer- und Frauenstimmen beim *Singen* getroffen: Dunkle Männersingstimmen nennt man Baßstimmen, hohe Tenorstimmen; dazwischen liegt der Bariton. Dunkle Frauensingstimmen heißen Altstimmen, helle Sopranstimmen; dazwischen liegt der Mezzo-Sopran.

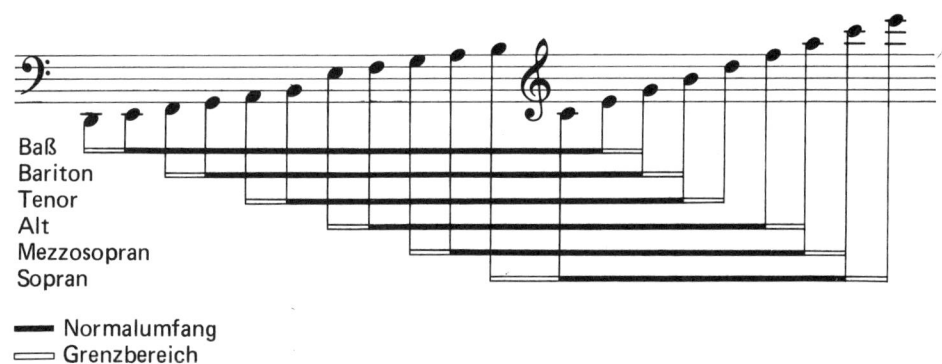

Baß
Bariton
Tenor
Alt
Mezzosopran
Sopran

■ Normalumfang
▭ Grenzbereich

Aber auch bei Kinderstimmen kann man Helligkeitsunterschiede feststellen. Der Erzieher sollte einmal bewußt auf die Stimmen seiner Kinder hören und versuchen, Helligkeits- bzw. Tonhöhenunterschiede herauszuhören.

Nicht zuletzt hören wir nicht nur während des Singens, sondern auch während des Sprechens Helligkeitsunterschiede jeder einzelnen Stimme. Die Stimme wird z. B. in der Regel gesenkt, wenn man beruhigend zu jemand spricht, sie hebt sich fast automatisch bei den meisten Menschen, wenn sie lauter oder aufgeregter sprechen (z. B. beim Schimpfen). Ein Fragesatz wird ebenfalls durch ein Anheben der Stimme am Schluß des Satzes verdeutlicht. Musikalisch deutlich wird dies z. B. in der berühmten Frage Elsas in Wagners Oper Lohengrin:

Beim Flüstern ist es sehr schwer, Stimmunterschiede festzustellen, da die für die Klangfarbe verantwortlichen Resonanzräume nicht miteinbezogen sind. Bei genauem Hinhören kann man jedoch auch beim Flüstern Helligkeitsunterschiede feststellen.

Kinder unterscheiden häufig die Stimmen ihrer Erzieher nach den jeweiligen Lautstärken, wobei helle Stimmen oft als laut und unangenehm empfunden werden. Viele Erzieher und Lehrer sprechen erfahrungsgemäß bei der Arbeit in der Kindergruppe zu laut. Sie strapazieren ihre Stimme dabei manchmal so stark, daß sie bald gezwungen sind, den Arzt aufzusuchen. Vor allem harte Stimmeinsätze, z. B. bei Kommandos, gehen zu Lasten der Stimmbänder.

Bei Kindern stellt man oft fest, daß sie nicht in der Lage sind, sich in einer mittleren Lautstärke zu verständigen. Entweder schreien sie untereinander oder sie sprechen einzeln innerhalb ihrer Gruppe so leise, daß man sie nur schwer versteht. Das führt dazu, daß die Kinder auch von seiten der Erzieher und Lehrer sich gegenseitig widersprechende Aufforderungen bekommen wie: „Schrei nicht so!" und „Sprich doch lauter!"

Ein Ziel der HÖR-Spiele mit Stimmen ist u. a., das Gehör für das Heraushören von Gefühlen zu sensibilisieren, die mit der Stimme übertragen werden. Gedacht ist hierbei an die verschiedenen „Untertöne" der Stimme wie ärgerlich, freudig, flehentlich, schmeichelnd, drohend, bittend etc.

Das Hinhören auf die Stimme eines anderen, das Hören auf das, was er sagt und wie er es sagt, ist ein Ziel, das bei Kindern — und leider auch bei vielen Erwachsenen — nur schwer zu erreichen ist.

Die folgenden Spiele geben Anregungen, die dazu beitragen sollen, das Aufeinanderhören zu fördern.

Lärm tut weh!

1. Unsere Stimme braucht einen Blasebalg

1.1   Die Kinder versuchen, einen Vers zu sprechen, ohne zwischendurch zu atmen, z. B.:
    Ich spreche, und die Luft geht raus
    aus meinem großen Atemhaus.

Der Vers kann wiederholt werden, solange der Atem reicht.
Auch beim Flüstern des Verses wird Luft verbraucht.

1.2 Während des Sprechens brauchen wir bei manchen Lauten besonders viel Luft. Die Kinder halten einen Streifen aus Seidenpapier vor den Mund und sprechen dabei:

Peter und Paul,
die sind nicht faul.
Petra und Paula
steh'n auch nicht faul da.

Beim Buchstaben „P" wird jeweils der Streifen vom Mund weggeblasen.

1.3 Beim Anhören einer Sprechkassette achten wir darauf, wann der Sprecher jeweils Luft holt. Das Luftholen kann z. B. durch Heben der Arme angezeigt werden.

2. Stimmen verstellen

2.1 Wir spielen die Szene aus dem Märchen „Der Wolf und die sieben Geißlein", in der der Wolf zunächst mit tiefer Stimme zu den Geißlein spricht und danach mit heller, verstellter Stimme:

Wolf (mit tiefer Stimme): „Macht auf, ihr lieben Kinder, eure Mutter ist da und hat jedem von euch etwas mitgebracht!"
Aber die Geißlein hörten an der rauhen Stimme, daß es der Wolf war.
Geißlein (mit heller Stimme): „Wir machen nicht auf! Du bist unsere Mutter nicht, die hat eine feine und liebliche Stimme, aber deine Stimme ist rauh, du bist der Wolf!"
Da ging der Wolf fort zu einem Krämer und kaufte sich ein großes Stück Kreide, das aß er und machte damit seine Stimme fein. Dann kam er zurück, klopfte an die Haustür und rief:
Wolf (mit heller Stimme): „Macht auf, ihr lieben

Kinder, eure Mutter ist da und hat jedem von euch etwas mitgebracht!"

Die Wolfsstimme kann z. B. mit einem Xylophon begleitet werden. Dunkle Stimme: tiefer Ton; helle Stimme: hoher Ton. Für die Geißleinstimmen könnte das Glockenspiel verwendet werden (natürlich mit sieben Tönen).

2.2 Eine Reihe weiterer Märchen eignet sich ebenfalls für das Spiel mit verstellter bzw. veränderter Stimme.
Beispiel: In dem Märchen „Der Fischer und seine Frau" wird die Stimme des Butts mit jeder neuen Forderung des Fischers immer drohender.

Die Kinder verstellen beim Puppenspiel gern ihre Stimmen.

2.3   Zu den folgenden Versen verstellen wir unsere Stimme entsprechend. Wenn möglich, sollte zu jedem Vers eine passende Handpuppe in die Hand genommen werden.

Ich bin die Hexe Ki-ki-ki
und kichre immer hi, hi, hi.

Ich bin der Riese Goliath,
der eine tiefe Stimme hat.

Ich bin der Kasperl froh und heiter,
gleich jage ich den Teufel weiter.

Ich bin der Räuber Tunichtgut
und rate euch: „Seid auf der Hut!"

Ich bin die Gretel, schrei „O weh!
Du böser, böser Teufel, geh!"

Ich bin der Zauberer Fidibus,
geheimnisvoll ich sprechen muß.

Im Anschluß an diese Stimmspielereien können die Kinder ein Puppenspiel erfinden, bei dem sie vor allem auf die unterschiedlichen Stimmen achten.

3. Stimmen verändern

3.1   Auch ohne daß wir die Stimme verstellen, klingt sie z. B. in verschiedenen Räumen anders. Wir vergleichen, wie unsere Stimme im Zimmer und in der Kirche bzw. in großen Räumen klingt.
Den Kindern fällt sofort der Nachhall der Stimme in der Kirche auf. Wir gehen mit den Kindern auch in andere Räume wie z. B. den Waschraum, eine Telefonzelle etc. und zu verschiedenen Orten im Freien wie z. B. in den Wald, um zu hören, wie dort die Stimmen klingen und ob wir ein Echo bzw. einen Nachhall hören.

3.2   Einen Nachhall der Stimme erreicht man auch, wenn man in ein Klavier spricht, bei dem die vordere Abdeckplatte entfernt und das rechte Pedal gedrückt ist.

3.3   Interessante Stimmveränderungen ergeben sich, wenn wir in einen Schlauch, in einen Eimer, in ein Kissen oder in einen Trichter sprechen.

3.4   Die eigene Stimme klingt verändert, wenn man sich beim Sprechen die Ohren zuhält.

3.5   Unsere Stimme klingt lustig und stark verändert, wenn wir uns während des Sprechens die Nase zuhalten.

3.6   Über das Telefon werden nicht alle Frequenzen einer Stimme übertragen. Kinder erkennen daher häufig bekannte Stimmen über das Telefon nicht sofort wieder. Großen Spaß macht es, wenn einige Kinder z. B. im Büro des

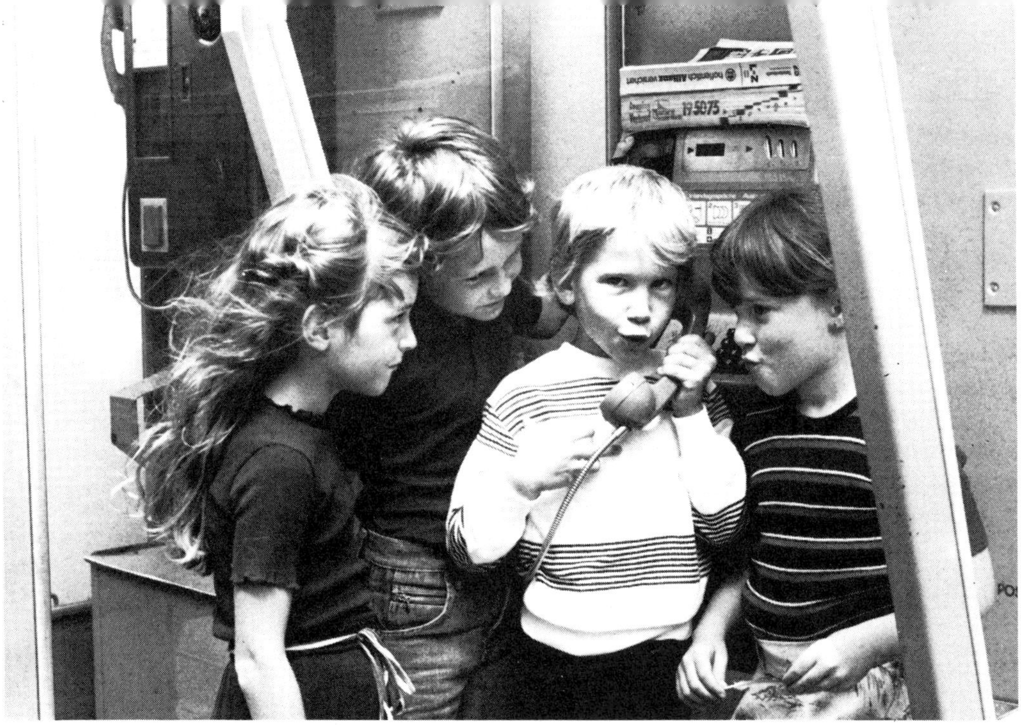

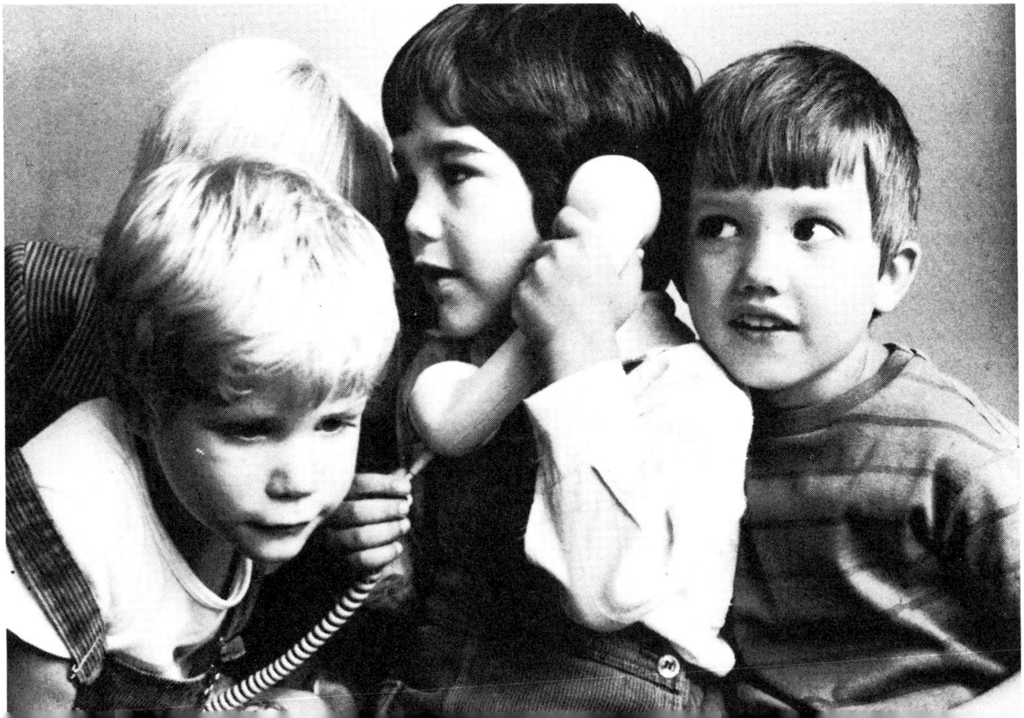

Kindergartens mit anderen Kindern telefonieren, die aus einer Telefonzelle sprechen. In einem Ratespiel versuchen die Kinder zu erraten, welches Kind gerade am Telefon spricht.

3.7 Mit dem Kassettenrecorder können ebenfalls eine Reihe von Stimm-Hör-Spielen durchgeführt werden. Beispiel: Die Kinder nehmen verschiedene Stimmen zu Hause auf Kassette auf (die Oma, Vater und Mutter, die Nachbarin). Im Kindergarten hören sich die Kinder die Kassette an und raten, wer spricht. Interessanterweise erkennt der jeweilige Sprecher sich selbst oft erst dann, wenn die anderen Kinder seine Stimme schon längst identifiziert haben. Das liegt zum Teil daran, daß wir unsere eigene Stimme mehr von innen als von außen hören. Gerne nehmen die Kinder auch die Stimmen der Erzieher oder der Kinder ihrer Gruppe auf.

3.8 Die Kinder führen Dialoge mit sinnlosen Silben durch und versuchen durch klangliche Veränderungen verschiedene Dialogstimmungen herzustellen, z. B. Streitgespräche, lustige Unterhaltungen, Fernsehnachrichten etc. Alles in beliebigem Kauderwelsch – ein Riesenspaß!

4. Stimmen erraten

Die folgenden Spiele gehören zum Standardrepertoire der Kindergärten und sind bei Kindern sehr beliebt.

4.1 „Hänschen, piep einmal!": Die Kinder sitzen im Kreis auf Stühlen. Ein Kind geht mit verbundenen Augen einige Schritte im Kreis und setzt sich anschließend irgendeinem Kind auf den Schoß. Das Kind mit den verbundenen Augen bittet das Kind, auf dessen Schoß es sitzt: „Hänschen, piep einmal!" Das Kind macht mit verstellter Stimme „Piep". Wird der Name des „piepsenden" Kindes erraten, übernimmt

Wer erkennt die Stimme?

dieses Kind die Rolle des Raters mit verbundenen Augen. Wird der Name nicht erraten, muß das Kind mit den verbundenen Augen bei einem anderen Kind weiterraten. (Das Spiel kann in verschiedenen Versionen gespielt werden; z. B. kann das Kind mit den verbundenen Augen dreimal oder mehrmals raten, u. ä.)

4.2 „Wer rupft, wer zupft?": Ein Kind steht mit dem Rücken zur Gruppe und hält sich die Augen zu. Ein Kind aus der Gruppe zupft dieses Kind und spricht dabei: „Wer rupft, wer zupft, wer hat's getan, dem sieht man's an der Nase an." Anschließend setzt sich das zupfende Kind rasch wieder zur Gruppe. Errät das gezupfte Kind den Zupfer, werden die Rollen entsprechend gewechselt. Bei Nichterraten muß das gezupfte Kind weitermachen, bis es ein Kind errät.

4.3   „Bär, brumm einmal!": Die Kinder sitzen im Kreis. Ein Kind geht vor die Tür. Ein Kind versteckt sich in der Mitte des Sitzkreises unter einer Decke, während die im Kreis sitzenden Kinder ihre Plätze wechseln. Das vor der Tür stehende Kind darf hereinkommen und bittet das Kind unter der Decke: „Bär, brumm einmal!" Der Bär muß brummen. Wird nach dreimaligem Raten der Name des Kindes unter der Decke nicht erraten, kann es seinen Fuß aus der Decke strecken. Erfahrungsgemäß erkennen die Kinder an den Hausschuhen den jeweiligen Träger sofort. Das Spiel wird mit zwei anderen Kindern fortgesetzt.

5. Der Ton macht die Musik

5.1   Die folgende Geschichte sollte mit verteilten Rollen gespielt werden.

Inge spielt allein mit den Bausteinen. Eine Gruppe von Kindern möchte auch mit den Bausteinen spielen. Franz, der älteste der Gruppe, befiehlt Inge mit Kommandostimme:
„Bausteine her!"
Inge beachtet Franz nicht.
Petra schreit Inge an:
„Gib uns die Bausteine!"
Inge beachtet Petra nicht und hält sich nur die Ohren zu.
Hans droht Inge:
„Gib uns die Bausteine, oder es geschieht etwas!"
Ängstlich zieht sich Inge ein wenig zurück.
Da versucht es Helga mit weinerlicher Stimme:
„Wir möchten die Bausteine!"
Inge muß ein wenig lächeln, aber sie gibt die Bausteine nicht her.
Flüsternd wendet sich Hilde an Inge:
„Gib doch die Bausteine her!"
Inge hat das Flüstern nicht gehört und beachtet Hilde nicht.
Da sagt Gabi mit ganz normaler Stimme zu Inge:
„Bitte, Inge, laß uns auch ein wenig mit den Bausteinen spielen!"
Freundlich antwortet Inge:
„Selbstverständlich könnt ihr auch mit den Bausteinen spielen. Ich spiele auch gerne mit euch."

5.2   Im Anschluß an die Geschichte kann man mit Kindern noch über andere Situationen sprechen, in denen „der Ton die Musik macht" (z. B. Beschwerde über ein Kind).

42

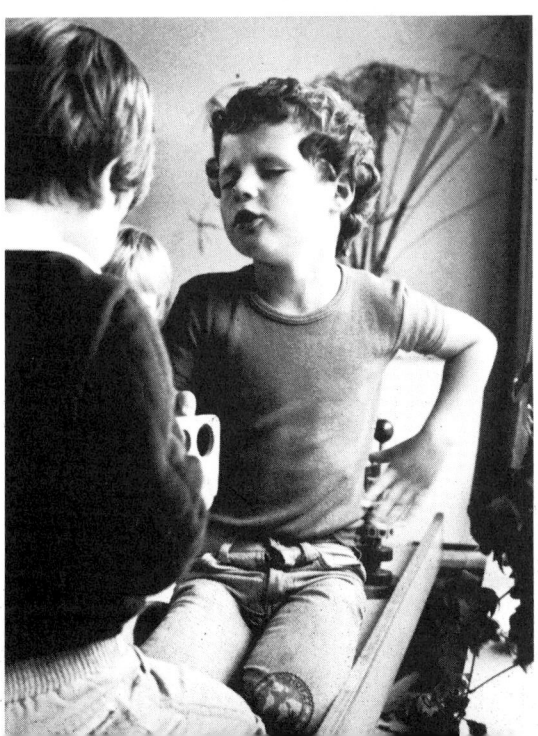
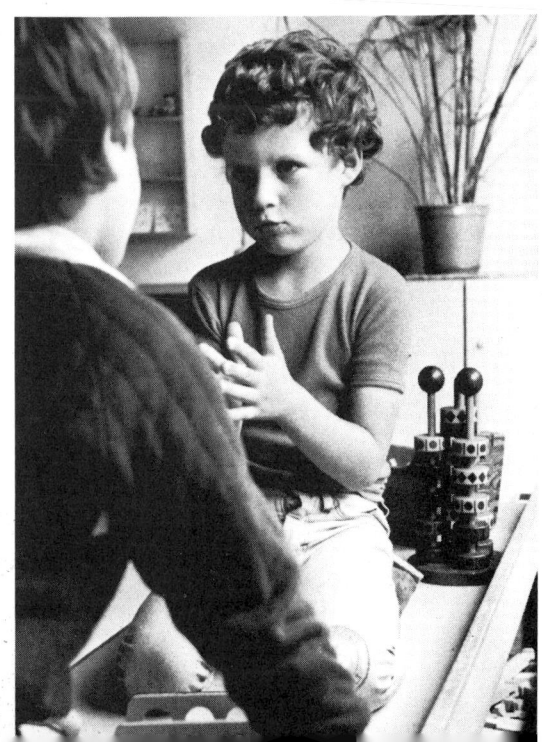

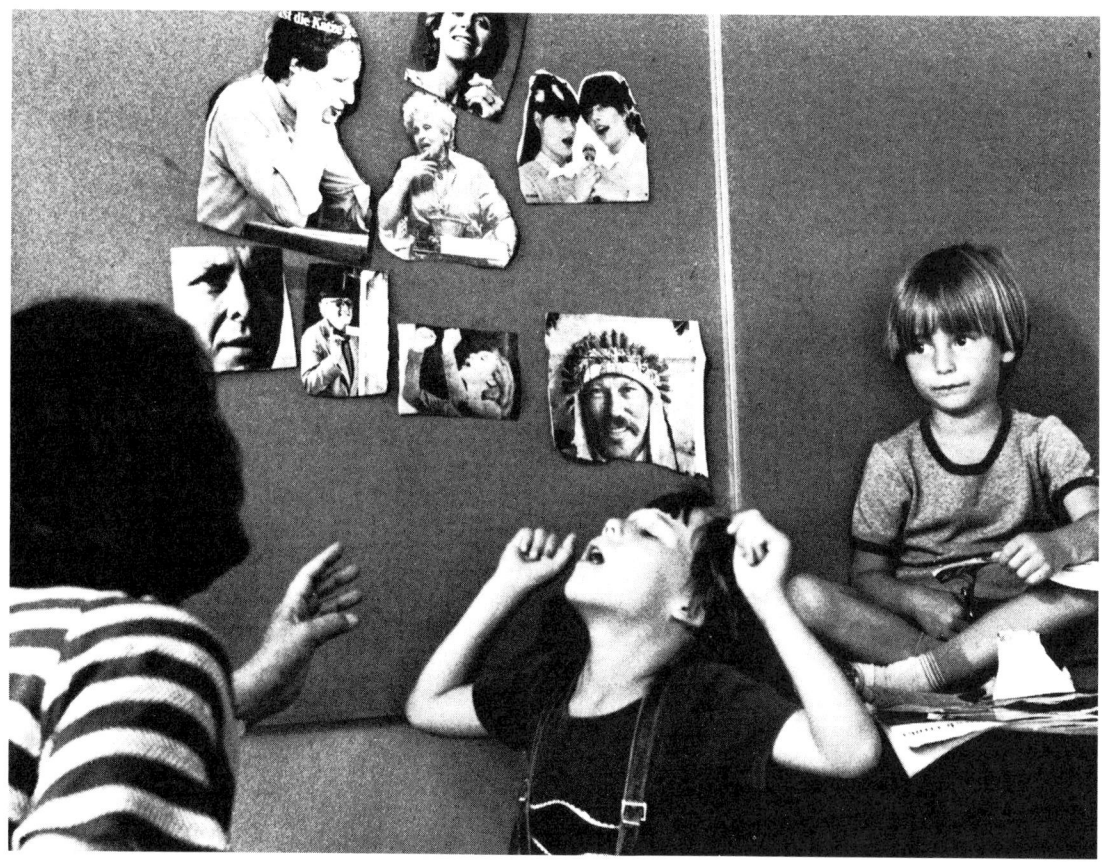

Die Kinder raten, was die Menschen auf den Bildern gerade sagen könnten.

5.3   Die Kinder schneiden aus Zeitungen, Zeitschriften u. ä. Menschen aus, die gerade sprechen. Die Bilder werden auf einen großen Karton geklebt und phantasievoll einander zugeordnet (z. B. ein schreiender Mensch und einer, der sich gerade abwendet).

Die Kinder versuchen aus der Haltung, Gestik und Mimik des jeweiligen Menschen zu erraten, was er gerade und mit welchem Ton er spricht. Anschließend sprechen die Kinder in dem vermuteten Tonfall der Menschen auf ihren Bildern.

6. Ausländische Stimmen

Jede Sprache hat einen typischen Klang. Manche klingen z. B. weich und melodiös, andere eher hart.

6.1 Ausländische Kinder sprechen in ihrer Muttersprache zu den Kindern der Gruppe. Die anderen Kinder versuchen am Sprechklang zu erkennen, was gesagt wurde.

6.2 Wir hören im Radio (Langwelle, Kurzwelle, Mittelwelle bzw. Gastarbeitersendungen) ausländische Sender und versuchen zu erraten, welche Sprache da gesprochen wird.

6.3 Ausländische Kinder bringen Schallplatten oder Kassetten in ihrer Muttersprache von zu Hause mit.

6.4 Die Kinder singen Lieder in fremden Sprachen. Beispiele:

Pisi pisi (türkisch)

Pi - si pi - si mav de - di bir ka - şik - cik yag de - di

yag ol - maz - sa bal ol - sun, ve - ren el - ler sag ol - sun.

Übersetzung:
Die Miezekatze miaute:
Ein Löffelchen Butter,
sagt sie.
Gibt es keine Butter, dann
Honig.
Den gebenden Händen sei
Dank!

Aussprache:
Pisi pisi maw dedi

bir kaschektschek-ja dedi

ja olmazsa bal olsun

weren eller sa olsun.

Pru pru cavallo (italienisch)

Pru pru ca - val - lo, la mam-ma vende il gal - lo. Con le tet - ti - ne pie - ne. Per da - re alle sue__ bam - bi - ni u.s.w.

Pru pru cavallo	Hü, hü Pferdchen
La mamma vende il gallo	Die Mama verkauft das Hähnchen
Con le tettine piene	Mit ihren vollen Brüsten
Per dare alle sue bambini	Stillt sie ihre Kinder
Bambini non ne vuole	Die Kinder wollen nicht mehr
Facciamo poche parole	Da machen wir kurzen Prozeß
La mamma fa la zuppa	Die Mama kocht eine Suppe
Papa la mangia tutta	Aber der Papa ißt alles auf
La nonna i bonbon	Die Oma kriegt die Bonbons
E i bambini sculaccion	Und die Kinder eins hinten drauf
pom pom pom	patsch patsch patsch

Die Kinder versuchen ausländischen Stimmen die entsprechenden Fähnchen zuzuordnen.

Tierstimmen

„I-a, wauwau, i-a, wauwau, mi-au ki-kri-ki", wird im Refrain von Posers Märchenlied „Die Bremer Stadtmusikanten" gesungen (Fidulafon-Schallplatte 1169). Diese vereinfachte Übersetzung von Tierlauten in die Lautung menschlicher Sprache lernen Kinder bereits sehr früh, oft ohne daß sie die entsprechenden Tiere in Wirklichkeit je gehört haben. Ein Vergleich der in die menschliche Lautung übersetzten Tierstimmen mit denen der Wirklichkeit zeigt, daß kaum eine klangliche Übereinstimmung herrscht. Tierstimmen werden übrigens in die verschiedenen Sprachen sehr unterschiedlich übersetzt. In Deutschland lassen wir den Hund wau-wau bellen. Englische Hunde bellen bow-wow oder arf-arf, spanische guau-guau. Auch der berühmte Kuckucksruf ist nicht richtig in die menschliche Lautsprache übersetzt, denn der arme Kuckuck kann gar kein „K" aussprechen.

Die meisten Tiere haben jedoch eine sehr differenzierte Tiersprache, mit der sie sich untereinander verständigen können. So kann z. B. eine Katze wesentlich mehr Laute von sich geben als nur ihr berühmtes „Miau" oder genauer „Iau". Eine Katze kann u. a. schnurren, fauchen, kurze Einzelrufe abgeben, fordernd schreien oder sogar ganze aneinandergereihte Gesangsstücke produzieren. Hund und Katze haben bekanntlich oft Schwierigkeiten mit ihrer gegenseitigen Verständigung, obwohl sie teilweise ähnliche Laute produzieren. Das Mißverständnis zwischen Hund und Katze liegt u. a. darin begründet, daß in der Hundesprache Knurren etwa soviel bedeutet wie „Geh bloß weg!", während in der Katzensprache das ähnlich klingende Schnurren eine freundliche Aufforderung zum Spiel darstellt.

Verschiedene Tierlaute wie z. B. das Bellen der Hunde empfinden besonders Kinder häufig als unfreundliche, bedrohliche Geste. Hundekenner wissen jedoch, daß es auch ein freudiges Bellen gibt, z. B. bei der Begrüßung des Herrchens oder Frauchens. Man muß jedoch schon genau hinhören, um einen freundlichen, gleichmäßigen Bellton von einem mit Knurren gemischten drohenden Bellen unterscheiden zu können.

Durch die Vermenschlichung der Tiere, die z. B. in Kindersendungen des Fernsehens gezeigt werden, erhalten Kinder oft völlig falsche Vorstellungen von der wirklichen Sprache der Tiere. Dieses Mißverständnis führt manchmal leider auch zu Verletzungen durch Tiere, deren Drohungen nicht beachtet werden.

Von den Helden der Kinderliteratur, die mit den Tieren sprechen können, sind Tarzan und der Menschenjunge Mowgli aus Kiplings „Dschungelbuch" die bekanntesten. Weniger verbreitet unter Kindern sind die Geschichten von Doktor Dolittle, dem Tierarzt. Hier erfahren die Kinder auch viele Dinge über die Tiersprache, die der Wirklichkeit entsprechen, wenn z. B. der Papagei Polynesia Doktor Dolittle erklärt: „Hunde sprechen nicht nur mit dem Mund, sondern auch mit den Ohren, den Pfoten, dem Schwanz – mit allem."

Wichtig erscheint u. a., daß die Kinder im Zusammenhang mit den Tierstimmenspielen auch erfahren, daß es ähnlich wie beim Menschen auch andere Mittel als nur die Sprache zur Verständigung gibt. Libellen etwa erkennen sich an kräftigen Farben, Nachtfalter rufen sich kilometerweit durch Düfte, Ameisen verständigen sich durch Morsen und verschiedene Geruchsstoffe. Weitere Informationen über die Tiersprache enthält das Buch „Geheimsprachen der Tiere" von Ulrich Klever (Heyne Jugendtaschenbücher Nr. 201).

1. Tierstimmen würfeln

Auf einen Karton werden sechs quadratische, gleich große Felder gezeichnet. In jedes Feld wird je ein Tier gezeichnet oder ein Tierbild geklebt. Außerdem wird jedes Feld mit Punkten numeriert, da die Kinder noch keine Zahlen kennen; d. h., Feld 1 = ein Punkt, Feld 2 = zwei Punkte etc. Die Punkte sollten jeweils in der Anordnung gezeichnet werden, wie sie den Kindern vom Würfel her bekannt ist. Nach diesen Vorbereitungen erhält möglichst jedes Kind der Gruppe einen Würfel, mit dem es so oft würfeln darf, wie es Lust hat. Dabei braucht es auch nicht auf die anderen Kinder zu warten. Würfelt ein Kind z. B. eine Fünf und auf dem Fünferfeld ist ein Hund gezeichnet, so muß das Kind wie ein Hund bellen (meistens bewegen sich die Kinder auch so wie das gewürfelte Tier). Da alle Kinder ständig würfeln, ist immer eine Reihe von „Tierstimmen" gleichzeitig zu hören. Man kann auch ein Schweigefeld einplanen und dieses z. B. mit einem Fisch kennzeichnen. Immer wenn ein Kind das Fischfeld würfelt, muß es eine Zeitlang stumm bleiben.

2. Verkehrte Welt

Die folgenden falschen Zuordnungen von Tieren und sprachlichen Bezeichnungen von Tierlauten könnten als Anlaß genommen werden, um mit Kindern über verschieden klingende Tierlaute und deren sprachliche Bezeichnung zu sprechen. Wichtig ist, daß die Kinder versuchen sollten, das jeweils genannte Tiergeräusch, z. B. „gackern", entsprechend nachzuahmen, und daß sie es auch anschließend dem richtigen Tier zuordnen.

Verkehrte Welt

Die Katzen bellen,
und die Hunde miauen;
die Löwen piepsen,
und die Mäuse brüllen;
die Grillen fauchen,
und die Tiger zirpen;
die Hühner grunzen,
und die Schweine gackern;
die Kühe wiehern,

und die Pferde muhen;
die Vögel heulen,
und die Wölfe singen;
die Schlangen meckern,
und die Ziegen zischen;
die Bären trompeten,
und die Elefanten brummen;
die Menschen kreischen,
und die Papageien sprechen – oder?

3. Vogelstimmen hören

3.1 Wir füttern mit den Kindern Spatzen und horchen dabei auf den Spatzenruf. Anschließend spielen die Kinder „Spatzenkonzert" mit kurzen Tschilp-tschilp-Lauten.

3.2 Wir versuchen mit den Kindern Vogelstimmen in der Natur zu hören. Wir lassen die Kinder den Spatzenruf z. B. mit dem Gesang ei-

ner Amsel vergleichen (erfahrungsgemäß können die Kinder einzelne Vogelstimmen nur schwer voneinander unterscheiden).

3.3 Wir singen das Lied „Kuckuck". Jeweils beim Kuckucksruf können die Kinder am Glockenspiel mitspielen.

Kuk - kuck, Kuk - kuck, ruft's aus dem Wald.

Las - set uns sin - gen, tan - zen und sprin - gen!

Früh - ling, Früh - ling wird es nun bald.

4. Kinderverse

Die Kinder sprechen folgenden Vers:

Muh, muh, muh!
So ruft im Stall die Kuh.

Sie gibt uns Milch und Butter.
Wir geben ihr das Futter.
Muh, muh, muh!
So ruft im Stall die Kuh.

5. Tierstimmen im Märchen

5.1   Die Kinder imitieren Tauben und sprechen die bekannten Verse aus Aschenputtel:

Rucke-di-guh, Rucke-di-guh,
Blut ist im Schuh!
Der Schuh ist viel zu klein,
die rechte Braut ist noch daheim.

Später sprechen die Tauben:
Rucke-di-guh, Rucke-di-guh,
kein Blut ist im Schuh,
der Schuh ist nicht zu klein,
die rechte Braut, die führt er heim.

Wir hören mit den Kindern wirklichen Tauben zu und vergleichen unsere Imitation mit den echten Taubenstimmen.

5.2   Gerne spielen die Kinder auch Szenen aus dem Märchen „Die Bremer Stadtmusikanten", z. B. den Einbruch in das Räuberhaus:
„Der Esel schrie, der Hund bellte, die Katze miaute und der Hahn krähte."

5.3   Die Kinder suchen weitere Märchen, in denen Tiere sprechen, z. B.: „Der gestiefelte Kater", „Der Hase und der Igel".

6. Tierstimmen raten

6.1   Ein Kind versucht mit der Stimme ein Tier nachzuahmen. Die anderen Kinder raten, um welches Tier es sich handelt. Wer richtig rät, macht die nächste Tierstimme vor.

6.2   Das Spiel kann beliebig variiert werden, indem z. B. das zu erratende Tier nicht genannt wird, sondern nur seine Bewegungen nachgeahmt werden. Oder es muß die Lieblingsspeise des zu erratenden Tieres genannt werden.

7. Tierstimmen und menschliche Stimmen

7.1 Die folgenden Verse zeigen, daß die menschliche Stimme manchmal mit Tierstimmen verglichen werden kann. Die Kinder sprechen die Verse und versuchen dabei ihre Stimme dem jeweiligen Text anzupassen.

Wie ein Rabe krächzt der Tim:
„Heiser ist heut' meine Stimm'.‟

Wie ein Löwe brüllt der Jochen:
„Eine Mücke hat mich grad' gestochen!‟

Wie eine Ziege meckert Inge:
„Hansi nimmt mir meine Ringe!‟

Wie ein großer Bär brummt Paul:
„Ich bin müde und sehr faul.‟

7.2 Wir suchen möglichst viele Bezeichnungen für Tierstimmen, die auch für menschliche Stimmen verwendet werden können, z. B. eine piepsige Stimme wie eine Maus.

8. Unterhaltung mit Tieren

In den folgenden Rollenspielen sollen die Kinder versuchen, sich in die Rolle eines Tieres hineinzuversetzen.

8.1 In einem Rollenspiel übernimmt ein Kind die Rolle eines wütend bellenden Hundes, ein anderes spielt sein Herrchen, das den Hund zu beruhigen versucht.

8.2 In einem Zirkusspiel spielt ein Kind den Dompteur, der versucht, andere Kinder, die mü-de gähnende Löwen spielen, zu einem Sprung durch einen Reifen zu bewegen.

8.3 Ein Kind spielt eine beleidigt miauende Katze. Ein anderes Kind spielt den Besitzer, der die Katze wieder versöhnen möchte.

8.4 Die Kinder erfinden weitere Gespräche mit Tieren.

Instrumente

Es gibt für Kinder viele Möglichkeiten, Musikinstrumente zu hören und zu sehen: im Elternhaus, im Kindergarten, auf dem Jahrmarkt, im Musikladen, im Museum, in der Kirche, im Fernsehen etc. Seltsamerweise werden jedoch von Kindern und oft auch von Erwachsenen nur wenige Instrumente am Klang erkannt. Erwachsene, die eine Geige und eine Trompete (!) klanglich nicht unterscheiden können, sind durchaus keine Seltenheit. Es fällt auch nur wenigen Zu-

In einem Musikgeschäft lernen die Kinder verschiedene Instrumente kennen.

schauern auf, wenn im Fernsehen, das meist im Playback-Verfahren arbeitet (d. h., ein vorher aufgenommenes Musikstück wird einem entsprechenden Bild zugespielt), oft nur ein paar Musiker mit Instrumenten im Bild zu sehen sind, während in Wirklichkeit ein großes Orchester spielt. Das liegt sicher zum Teil daran, daß der Seheindruck bei den meisten Menschen stärker ist als der Höreindruck.

Ob ein Ton eines Instruments geblasen, gezupft, gestrichen oder geschlagen wurde, erkennen die Kinder nach einiger Übung sehr rasch.

In der Instrumentenkunde teilt man die Instrumente nach der Tonerzeugung in fünf Gruppen ein:

Idiophone (Eigenklinger)
Dazu gehören z. B. Xylophone, Glockenspiele, Röhrenglocken, Becken, Triangel oder auch Holzstäbe und Kastagnetten.

Membranophone (Fellklinger)
Dazu gehören vor allem Pauken und Trommeln.

Chordophone (Saitenklinger)
Das sind alle Saiteninstrumente wie Geige, Zither, Gitarre.
Es spielt bei der Einteilung keine Rolle, ob die Saite gestrichen, gezupft oder geschlagen wird, daher gehört auch das Klavier zu dieser Gruppe.

Aerophone (Luftklinger)
Dazu gehören alle Blasinstrumente wie Trompete, Flöte, Posaune etc., aber auch Orgel und Harmonika, weil auch bei diesen Instrumenten der Ton durch einen Luftstrom erzeugt wird.

Elektrophone (Stromklinger)
Das sind alle Instrumente, die einen Lautsprecher benötigen und deren Töne elektronisch erzeugt werden, also u. a. alle elektronischen Orgeln.

Bis auf die Elektrophone kann man mit Kindern aus jeder der genannten Gruppen Instrumente selbst herstellen. Ein reiches Angebot an Vorschlägen zum Selbstbau von Instrumenten findet man in dem Buch von Ulrich Martini, „Musikinstrumente — erfinden, bauen, spielen", Klett-Verlag, und in dem Buch von Peter K. Alfaenger, „Überall ist Musik", Parabel-Verlag.

Von der Spieltechnik her gesehen sind für Kinder Instrumente, die geschlagen werden, wie z. B. das Glockenspiel, leichter zu spielen als Blasinstrumente. Eines der bei Kindern am weitesten verbreiteten Instrumente, die Flöte, ist sehr schwer richtig zu spielen. Um bei einer Flöte einen sauberen Ton zu erzeugen, muß der Atemstrom langsam und gleichmäßig abfließen, und genau dies gelingt Vorschulkindern nur selten. Die Töne der von Kindern geblasenen Flöten klingen daher fast immer etwas „verstimmt". Bei einem Glockenspiel können Kinder leicht einen klaren Ton erzeugen. Schwierigkeiten ergeben sich allerdings beim gleichmäßigen rhythmischen Wechsel von Tönen, da die Kinder ihre Armmotorik erst zu beherrschen lernen müssen. Nur der Praktiker weiß zu schät-

Instrumente kann man auch selbst basteln.

54

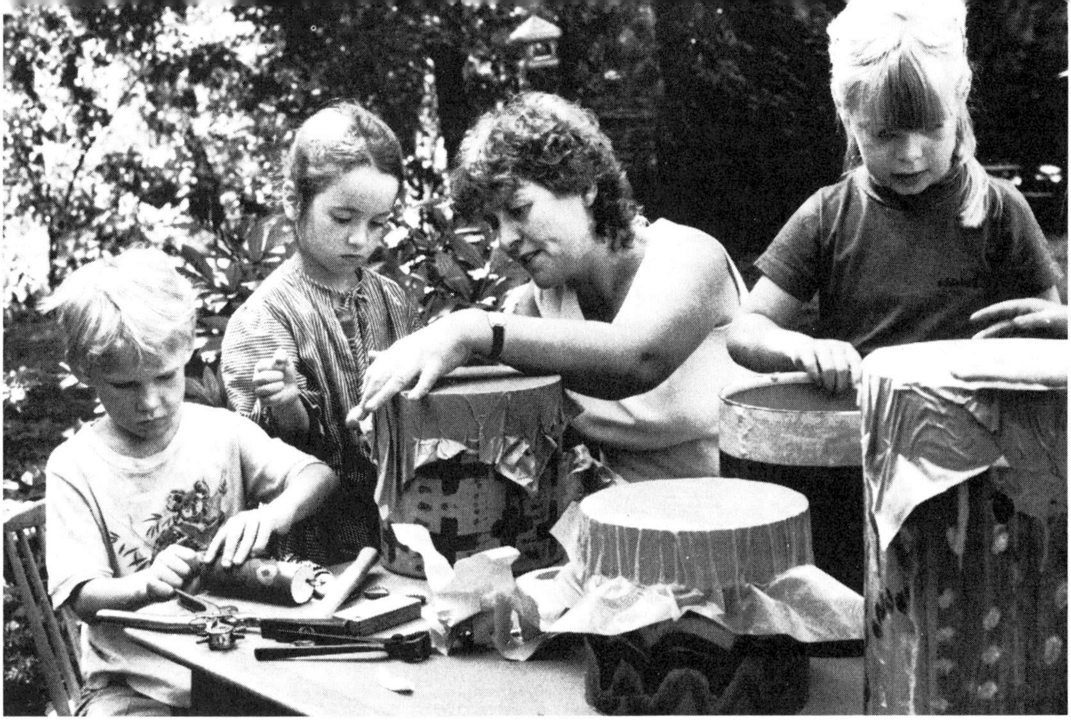

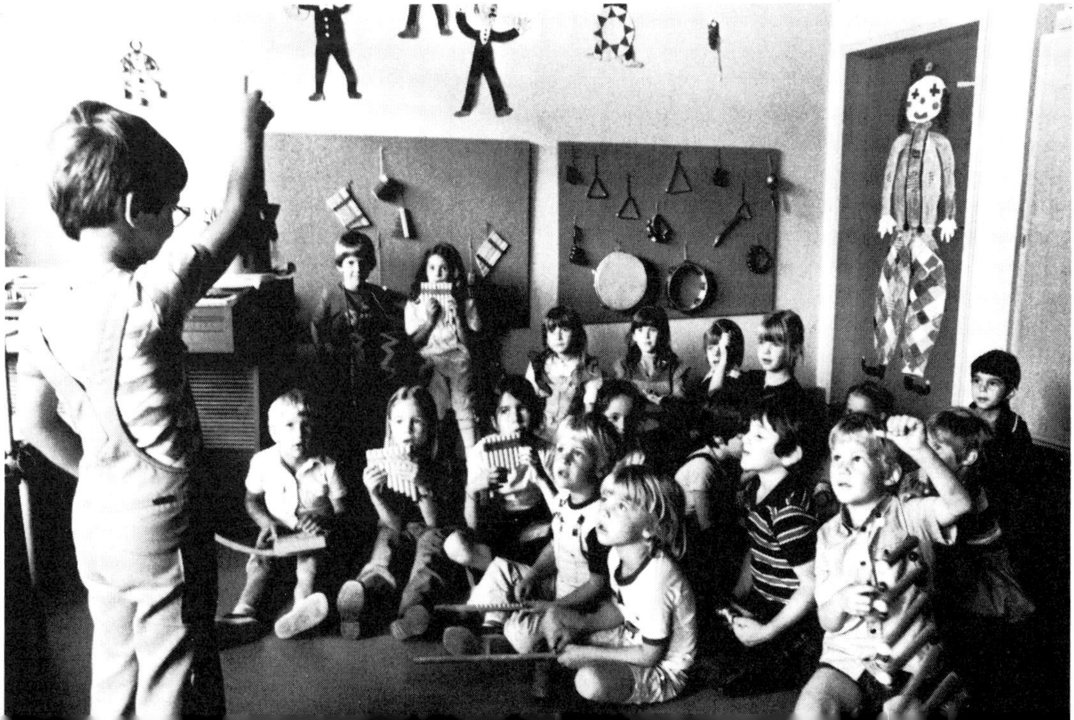

zen, was es heißt, wenn Kinder ein Lied auf dem Glockenspiel mit einem einfachen Ostinato begleiten können. Der Übungsaufwand ist dafür meist sehr groß und steht oft in keinem Verhältnis zum Ergebnis.

.Spontanes kreatives Spielen auf Instrumenten – die Betonung liegt auf dem Wort „Spielen", das hier im Gegensatz zum Begriff „Musizieren"

nach den Regeln der Musik steht – kann man jedoch mit Vorschulkindern leicht erreichen.

Die folgenden Spielvorschläge können von allen Erziehern, auch von denen ohne besondere Ausbildung an einem Instrument, durchgeführt werden. Nicht das musikalische Ergebnis soll ·zunächst im Vordergrund stehen, sondern das „Spiel" mit dem Instrument.

1. Instrumente benennen

Die folgenden Spiele lassen den Klang der Instrumente weitgehend außer acht. Sie befassen sich schwerpunktmäßig mit dem Aussehen der Instrumente.
In dem dtv-Taschenbuch „Atlas zur Musik" Bd. 1 findet man unter dem Kapitel „Instrumentenkunde" Zeichnungen fast aller Instrumente. Bei vielen Instrumenten sind auch die einzelnen Teile benannt.

1.1   Wir erklären den Kindern die Namen der Instrumente, die im Kindergarten vorhanden sind, z. B. Glockenspiel, Xylophon, Triangel, Handtrommel etc. Anschließend spielen die Kinder „Musikgeschäft". Ein Kind spielt den Verkäufer, die anderen Kinder spielen Kunden, die das Instrument, das sie kaufen wollen, benennen müssen.

1.2   Wenn möglich, besuchen wir mit den Kindern ein Musikgeschäft. Die Kinder sehen dort Instrumente, die sie vielleicht noch nicht kennen. Anschließend malt jedes Kind ein Instrument, das ihm besonders gut gefallen hat.

1.3   Wir bitten Eltern, die ein tragbares Instrument besitzen, dieses in den Kindergarten mitzubringen, um es den Kindern vorzuführen.

1.4   Die Kinder schneiden aus Katalogen u. ä. Bilder von Musikinstrumenten aus. Anschließend werden die Instrumente nach verschiedenen Gesichtspunkten geordnet, die die Kinder selbst bestimmen sollten: z. B. große und kleine Instrumente, laute und leise oder teuere und billige Instrumente, Instrumente mit Saiten und Instrumente, die geblasen werden.

1.5   Die Kinder kleben die ausgeschnittenen Instrumentenbilder auf Pappkärtchen. Die Karten werden mit verdecktem Bild auf einem Tisch ausgebreitet. Ein Kind deckt eine Karte auf. Kann es das abgebildete Instrument benennen, darf es die Karte behalten. Wenn nicht, muß es die Karte verdeckt wieder auf den Tisch legen, und ein anderes Kind darf weiterraten. Da viele Kinder die Instrumentennamen nicht kennen, kann man das Spiel vereinfachen: Das Kind, das eine Karte aufdeckt, muß irgend etwas Richti-

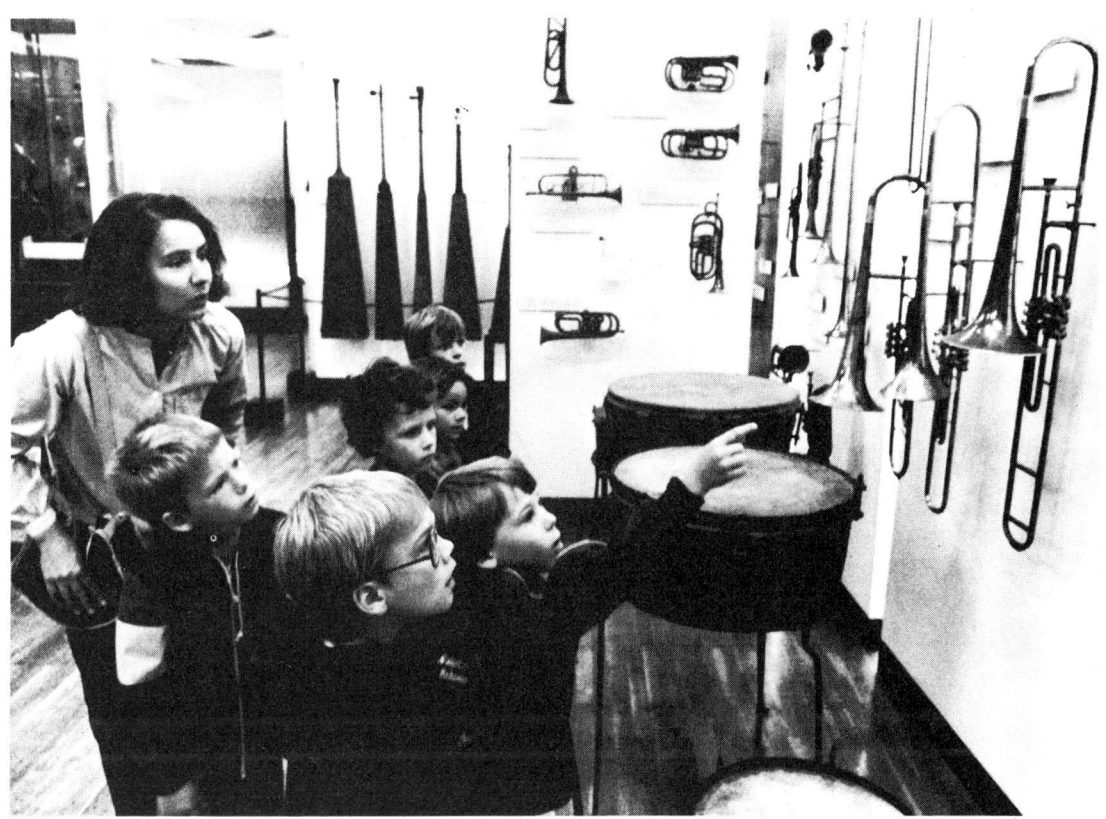

Auch im Museum kann man Instrumente sehen; leider darf man nicht darauf spielen.

ges über das aufgedeckte Instrument sagen, z. B.: „Da muß man hineinblasen!" oder: „Das Instrument hat viele Löcher!"

1.6   Nicht leicht ist es, ein Instrument zu erraten, dessen Aussehen nur mit Worten beschrieben wird, z. B.: lang, hölzern, viele Löcher (= Flöte).

1.7   Spaß macht es, Instrumente mit anderen bekannten Dingen zu vergleichen: Eine Trompete sieht z. B. wie ein Trichter aus, ein Fagott wie eine lange Tabakspfeife. Tubaspieler werden natürlich nicht begeistert sein, wenn man ihr Instrument vielleicht mit einem „goldenen Klosett" vergleicht.

57

2. Instrumente raten

In den folgenden Spielen geht es hauptsächlich darum, Instrumente an ihrem Klang zu erkennen.

2.1   Möglichst viele Instrumente aus dem Orffinstrumentarium werden z. B. hinter einer Trennwand aufgebaut, so daß sie von den Kindern nicht gesehen werden. Ein Kind spielt irgendein Instrument kurz an, die anderen raten, welches Instrument gespielt wurde.

2.2   Sind Instrumente zweifach vorhanden, kann man das Echospiel durchführen. Die Instrumente werden an die Kinder verteilt. Ein Kind spielt auf seinem Instrument; das Kind, das dasselbe Instrument hat, muß antworten. Spielt ein Kind z. B. auf einer Trommel, muß ein anderes Kind mit einer Trommel antworten. Die Kinder können auch in zwei Reihen Rücken an Rücken sitzen. Die Instrumente werden so verteilt, daß sie in beiden Reihen vorhanden sind, jedoch in anderer Reihenfolge. Eine Reihe spielt jeweils das Echo der Instrumente der anderen Reihe.

2.3   Die Antwort auf ein Instrument kann auch eine Bewegung sein. Beispiele: Spielt das Glockenspiel, hüpfen die Kinder; ertönt die Trommel, wird gestampft; hört man das Becken, werden die Arme ausgebreitet etc.

2.4   Die Kinder versuchen Instrumente zu raten, die sie auf Schallplatten oder Kassetten hören.

3. Instrumentenbahnen

3.1   Verschiedene Orffinstrumente sind im Raum verteilt. Vor dem Spiel wird mit den Kindern ausgemacht, was an jedem Instrument zu tun ist und in welcher Reihenfolge die Instrumente gespielt werden sollen. Beispiele:
1. Glockenspiel leise spielen;
2. Triangel kurz spielen;
3. einmal um eine Trommel stampfend herumgehen, anschließend die Stampfschritte auf der Trommel spielen.
Die Kinder gehen nacheinander durch die Instrumentenbahn und beginnen, wenn sie durch sind, wieder von vorne.

3.2   Ein Kind spielt in beliebiger Reihenfolge auf den im Raum verteilten Instrumenten. Währenddessen halten die anderen Kinder ihre Augen zu. Ist das spielende Kind fertig, versuchen die anderen Kinder, den vorher gehörten „Instrumentenweg" nachzugehen, indem sie in der Reihenfolge von Instrument zu Instrument gehen, in der vorher gespielt wurde.

3.3   Instrumente werden im Kreis aufgestellt. Jedes Kind geht einmal um den Instrumentenkreis und spielt dabei kurz auf jedem Instrument. Der Weg kann im Uhrzeigersinn und gegen den Uhrzeigersinn gegangen werden. Wir achten dabei auf die veränderte Klangfolge.

4. Glockenspielgeschichte

Für die folgende Geschichte benötigt man ein Glockenspiel, auf dem nur die vier Stäbe c-e-g-c liegen sollen.

Petra hat eine kleine, kurze Melodie auf dem Glockenspiel erfunden. Sie klingt so: c-e-g-c (Erzieher spielt die Töne vor). Wer kann die Melodie nachspielen? (Alle Kinder versuchen die Melodie nachzuspielen.)
Petra sagt: „Die Melodie kann man auch rückwärts spielen." Sie spielt so: c-g-e-c (Erzieher spielt die Töne vor; alle Kinder versuchen die Melodie rückwärts nachzuspielen).
Auf einmal kommt eine kleine Katze, die das Glockenspiel für ein Spielzeug hält. Sie wirft alle vier Glockenspielstäbe auf den Boden. (Die Kinder nehmen die vier Stäbe und legen sie durcheinander auf den Boden.) Petra ist traurig, denn sie hat ihre Melodie verloren. Wer baut ihr ihre Melodie wieder zusammen? (Die Kinder versuchen die Melodie c-e-g-c auf dem Glockenspiel in der richtigen Reihenfolge wieder zusammenzubauen.)

Die Kinder werden im Anschluß an die Geschichte aufgefordert, eigene kurze Melodien zu erfinden und eine ähnliche „Glockenspielgeschichte" zu erzählen.

5. Klingende Stadt

5.1   Gymnastikreifen sind die Häuser der Stadt. In jedem Reifen bzw. Haus sitzen zwei Kinder. Ein Kind ist der Hausbesitzer, das andere spielt die Hausklingel mit irgendeinem Instrument. Jedes Haus hat eine Klingel mit einem anderen Klang, d. h., in jedem Reifen muß ein anderes Instrument stehen. Die Hausbesitzer können ihre Häuser beliebig verlassen und spazierengehen. Sie müssen nur sofort zurückkehren, wenn sie ihre Hausklingel hören bzw. wenn das zweite Kind im Reifen auf seinem Instrument spielt.

5.2   Wenn man die Häuser nur am Zimmerrand aufstellt (wegen der Stolpergefahr), können die „Hausbesitzer" auch versuchen, ihr „Haus" mit geschlossenen Augen zu finden, wenn ihre „Hausklingel" ertönt.

„Die klingende Stadt" kann auch richtige Häuser haben.
Die Herstellung der Häuser erfordert allerdings einen großen Zeitaufwand.

6. Instrumentenfänger

Die Kinder sitzen im Raum verteilt, jedes Kind hat ein kleines Instrument vor sich. Ein Kind imitiert z. B. mit einem Papprohr einen Flötenspieler, der ähnlich wie der Rattenfänger von Hameln die Kinder fangen soll. Jedes Kind, vor dem der Fänger kurz stehenbleibt, schließt sich ihm an. Wenn alle Kinder gefangen sind, führt der Fänger die Kinder in eine Ecke, wo sie schlafen sollen. Auch der Fänger muß die Augen schließen. Die gefangenen Kinder versuchen nun leise mit ihren Instrumenten zu entfliehen. Hört der Fänger bei dem Fluchtversuch ein Instrument, muß er den Namen des Instrumentes nennen, das er gehört hat. Kann er das richtige Instrument nennen, muß das betreffende Kind wieder zurück in die „Schlafecke". Das Spiel kann so lange gespielt werden, bis es allen Kindern gelungen ist, leise zu entkommen. Wie bei jedem Spiel sind natürlich auch hier viele Variationen möglich.

7. Instrumente unterhalten sich

Zwei Trommeln im Zwiegespräch.

7.1 Die Kinder bilden zwei Instrumentengruppen, z. B. eine Gruppe mit Schlaginstrumenten wie Trommel, Stäbe u. a. und eine Gruppe mit Melodieinstrumenten, z. B. Glockenspiel, Xylophone. Die Gruppe der Schlaginstrumente „schimpft" mit ihren Instrumenten, die andere Gruppe versucht mit ihren Instrumenten zu beruhigen. Anschließend werden die Rollen vertauscht. Während des Spiels muß darauf geachtet werden, daß immer nur eine Gruppe spielt.

7.2 Eine andere mögliche Gruppierung von Instrumenten wäre z. B. folgende: Eine Gruppe mit hell klingenden Instrumenten wie z. B. Triangel, Zimbeln, Glockenspiel und eine Gruppe mit dunkel klingenden Instrumenten wie z. B. Xylophone, Pauke etc. Die hellen Instrumente könnten während der Unterhaltung schnell sprechen, die dunklen langsam, oder umgekehrt. Die Unterhaltung der Instrumente wird auch abwechslungsreich, wenn eine Instrumentengruppe nur leise „spricht" bzw. spielt, die andere dagegen nur laut. Eine weitere Möglichkeit: Langsame Instrumente – das „Schneckenorchester" – unterhalten sich mit schnellen: dem „Mäuseorchester".

7.3 Die Unterhaltung der Instrumente kann auch von nur zwei Kindern geführt werden. Der Rest der Gruppe überlegt während des Gesprächs, was sich die Instrumente wohl zu sagen haben. Erfahrungsgemäß ist das Schimpfen mit Instrumenten bei den Kindern besonders beliebt.

7.4 Eine Unterhaltung zwischen einer traurigen und einer fröhlichen Stimme kann mit Instrumenten sehr gut dargestellt werden (vgl. Musicalclowns im Zirkus).

7.5 Es besteht auch die Möglichkeit, daß eine Stimme zu einem Chor von Stimmen spricht. Z. B. spricht das Glockenspiel zuerst. Der Chor der anderen Instrumente könnte daraufhin das vom Glockenspiel „Gesagte" wiederholen oder auch laut widersprechen.

8. Instrumente „gehen"

8.1 Die Kinder versuchen mit einem Instrument die Gangart verschiedener Tiere nachzuahmen. Beispiel: Die Katze schleicht sich an eine Maus heran: leise Schläge mit dem Filzschlägel auf dem Xylophon. Die Maus bemerkt die Katze und saust davon: schnelle Schläge auf dem Glockenspiel.

Die Kinder suchen weitere Tiergangarten: Elefant, Känguruh, Hühner, Pferde usw.

8.2 Ein Kind spielt auf der Trommel z. B. zwei Schläge. Die restlichen Kinder gehen daraufhin zwei Schritte. Bei fünf Schlägen gehen die Kinder fünf Schritte usf. Wenn die Schläge langsam erfolgen, gehen die Kinder langsam, und umgekehrt.

Man kann das Spiel noch erweitern, indem man zwischen lauten und leisen Schlägen unterscheidet. Laute Schläge könnten z. B. Vorwärtsgehen, leise Rückwärtsgehen bedeuten.

8.3   Treppensteigen kann mit dem Glockenspiel angedeutet werden:
treppauf: Tonleiter aufwärts,
treppab: Tonleiter abwärts.

Auch eine Treppe kann man langsam und schnell begehen. Rutscht jemand das Geländer herunter, spielen wir ein Glissando abwärts, d. h., wir fahren mit dem Schlägel einfach über alle Klangstäbe von oben nach unten. Hohe und tiefe Töne können auch folgendermaßen veranschaulicht werden: Wird auf dem Glockenspiel ein hoher (heller) Ton gespielt, steigen die Kinder auf einen Stuhl. Wird ein tiefer (dunkler) Ton gespielt, steigen sie wieder vom Stuhl herab.

9. Glasinstrumente

9.1   Bläst man über die Öffnung einer Flasche, entsteht ein Ton, der höher klingt, wenn man die Flasche teilweise mit Wasser füllt. Das Überblasen der Flaschenöffnung gelingt den Kindern anfangs nur schwer, da sie entweder zu direkt in die Flasche oder zu weit über die Flaschenöffnung blasen.
Wenn die Kinder die Technik des Blasens beherrschen, kann man verschieden „gestimmte" (gefüllte) Flaschen an die einzelnen Kinder verteilen und sie eine Melodie spielen lassen.

9.2   Flaschen klingen auch, wenn man sie mit einem Stab anschlägt. Im Gegensatz zum Blasen klingt die Flasche beim Anschlagen tiefer, wenn Wasser eingefüllt wird.

9.3   Weingläser bringen auch Kinder durch Reiben am Glasrand mit dem Finger zum Klin-

gen. Die Fingerhaut muß nur vorher mit Essigwasser entfettet werden. Je mehr Wasser im Glas ist, desto tiefer klingt der Ton.

9.4   Beim Anschlagen von Gläsern mit einem Stab entsteht ebenfalls ein Ton.

9.5   Mit Flaschen und Gläsern kann man ein kleines „Glaskonzert" mit vier Instrumentalgruppen aufführen. Beispiel: Zuerst spielt eine Gruppe, die die Weingläser durch Reiben mit dem Finger zum Klingen bringt, die Gruppe der Flaschenbläser könnte antworten. Danach schlägt eine Gruppe ganz leicht auf Weingläser, die vierte Gruppe gibt eine Antwort durch Schlagen auf die Flaschen. Zum Schluß spielen alle Gruppen („Flaschen") gemeinsam.

Hoffentlich wird aus dem Glaskonzert kein Scherbenkonzert!

10. Trommelinstrumente

10.1 Aus einer einfachen Blechdose und einer Plastiktüte kann man rasch eine Trommel herstellen: Um den Rand der offenen Dose klebt man ein doppelseitiges Klebeband (Vorsicht vor Verletzungen!). Anschließend wird die Plastiktüte als Fell über die Dosenöffnung gespannt.

10.2 Selbstverständlich können auch Pappschachteln, große Waschpulvereimer u. ä. als Trommeln verwendet werden.

10.3 Die Trommeln können zur Begleitung von rhythmischen Musikstücken, aber auch als Soloinstrumente eingesetzt werden. Beispiel:

ein Echospiel zwischen zwei Trommeln. Eine Trommel spielt einen Rhythmus vor, die andere spielt ihn nach, z. B.:

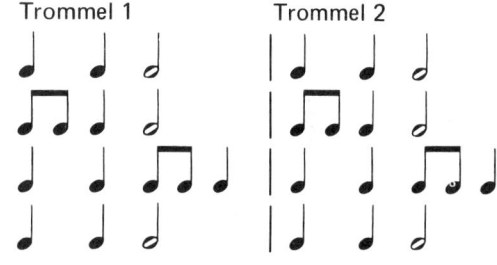

Trommel 1   Trommel 2

Vgl. auch Abb. S. 61.

11. Instrumente würfeln

11.1 Ähnlich wie bei dem Spiel „Tierstimmen würfeln" (S. 49) werden zunächst auf einen Karton sechs quadratische, gleich große Felder gezeichnet. In jedes Feld wird ein Instrument gezeichnet, das im Kindergarten auch vorhanden ist (z. B. Triangel).
Jedes Feld wird mit Punkten numeriert. Die Anordnung der Punkte soll der Anordnung der Punkte auf dem Würfel entsprechen.

Die auf den Feldern gezeichneten Instrumente sollten möglichst mehrfach bereitstehen. Jedes Kind erhält einen Würfel und kann würfeln, wann es will. Würfelt ein Kind z. B. eine Fünf und ist auf dem Fünferfeld ein Becken abgebil-

det, spielt das Kind auf dem bereitstehenden Becken.

11.2 Das Spiel kann variiert und erschwert werden, wenn man mit einem zweiten Würfel die jeweilige Lautstärke würfeln läßt, mit der das Instrument gespielt werden soll. 1 = sehr leise, 6 = sehr laut, 2, 3, 4 und 5 sind entsprechende Zwischenstufen der Lautstärke.

11.3 Mit dem zweiten Würfel könnte auch das Tempo gewürfelt werden, in dem das jeweilige Instrument gespielt werden soll.
1 = sehr langsam, 6 = sehr schnell, 2, 3, 4 und 5 sind entsprechende Tempozwischenstufen.

Bei diesem Würfelspiel gibt es weder Gewinner noch Verlierer.

Geräusche

Das Wort „Geräusch" erweckt in vielen Menschen zunächst negative Assoziationen: das aufdringliche Knattern eines Mopeds, das erschreckende Zuschlagen einer Tür, das störende Schlürfen beim Essen usw. Es gibt jedoch auch eine Reihe von Geräuschen, die in uns angenehme Empfindungen auslösen können: das beruhigende Plätschern eines Baches, das angenehme Rauschen der Bäume im Wind, das einschläfernde Geräusch eines fahrenden Zuges usw.

Bleiben wir zunächst bei den unangenehmen, lauten Geräuschen, die wir auch als Lärm bezeichnen. Lärm ist für Kinder wie für Erwachsene eine Belastung. Aus der Lärmwirkungsforschung wissen wir, daß Schallreize über das zentrale oder vegetative Nervensystem verschiedene Aktivierungsreaktionen im Körper hervorrufen, z. B. Verengung der Hautgefäße, geringfügiger Blutdruckanstieg, Verminderung der Magensaft- und Speichelproduktion, Verminderung des Herzschlagvolumens, Verstärkung des allgemeinen Muskelspannungszustandes. Der Erzieher braucht sich daher nicht zu wundern, wenn Kinder, die in einer sehr lärmreichen Umgebung wohnen, oft sehr gereizt oder aggressiv sind.

Wir wissen außerdem, daß das Lärmempfinden auch von subjektiven Kriterien abhängt wie z. B. von der Einstellung zur Geräuschquelle, zum Verursacher oder von der augenblicklichen gesundheitlichen Verfassung des Betroffenen.

Ein pädagogischer Ansatz zur Lärmbewältigung liegt in der Beeinflussung der Einstellung der Kinder zu möglichen Lärmquellen. Es leuchtet nämlich auch schon Vorschulkindern durchaus ein, daß Lärm sowohl konstruktiv als auch destruktiv sein kann. Der Lärm, der z. B. den Bau eines Hauses begleitet, hat durchaus konstruktiven Charakter und ist unvermeidbar, er kann höchstens durch entsprechende technische Maßnahmen gedämpft werden. Lärm, der durch Türenknallen oder Aufdrehen von Mopedmotoren entsteht, wäre vermeidbar und muß als destruktiv bezeichnet werden – das heißt, er führt zu nichts außer zu einer Belästigung der Menschen.

Der Erzieher kann den Kindern die Erkenntnis vermitteln, daß Lärm unerwünschter und störender Schall ist, der sogar gesundheitsschädigend ist. Er kann weiterhin aufzeigen, daß der Mensch als Verursacher des Lärms auch die Möglichkeit hat, durch entsprechende Schallschutzmaßnahmen den Lärm auf ein erträgliches Maß einzudämmen. Selbstverständlich überschneidet sich die Erziehung zu einem derartigen Umweltbewußtsein mit der Sozialerziehung. Der Radiohörer, der sein Gerät voll aufdreht, verhält sich rücksichtslos denen gegenüber, die nicht mithören wollen. Sensibilisierung gegenüber akustischen Erscheinungen und Unterschieden geht hier und in vielen anderen Fällen mit sozialer Erziehung Hand in Hand.

Wie eingangs schon festgestellt wurde, sind aber nicht alle Geräusche Lärm oder lösen unangenehme Empfindungen aus. Unsere Umwelt ist voll von interessanten Geräuschen und solchen, die uns wichtige Informationen liefern. Z. B. erinnert uns das Tropfen eines Wasserhahns daran, daß eine neue Dichtung fällig ist; das Geräusch nahender Schritte sagt uns häufig, wer zu uns kommt; das Klopfen an der Türe zeigt uns an, daß jemand zu uns will; der ruhige Lauf eines Automotors ist ein Zeichen für seine Funktionstüchtigkeit, usw.

Die Spiele mit Geräuschen sollen dazu beitragen, daß die Kinder ihre Umwelt bewußter wahrnehmen und daß sie sich darin auch sicherer bewegen — man denke nur an die Notwendigkeit der akustischen Wahrnehmung im Straßenverkehr.

1. Laute und leise Geräusche

1.1   Aus einem Warenhauskatalog schneiden die Kinder Bilder von Geräten und Dingen aus, die Geräusche verursachen. Anschließend kleben sie „laute Geräusche" auf ein Blatt Papier und die „leisen Geräusche" auf ein anderes Blatt.

1.2   Wir sprechen mit Kindern über leise und laute Plätze. Auf einer Baustelle ist es z. B. laut, während es in einem Krankenhaus in der Regel ruhig ist.

1.3   Die Kinder erzählen, welche lauten und leisen Geräusche sie von ihrem Zimmer aus hören oder welche sie im Kindergarten wahrnehmen.

2. Mit den Ohren spazierengehen

Bei Spaziergängen achten die Kinder darauf, welche Geräusche sie hören.

2.1   Das folgende Protokoll eines Spaziergangs einer Gruppe eines Münchener Kindergartens zeigt, was Kinder alles hören:

Die Kinder bemerken zunächst, daß ihre eigenen Schritte ein Geräusch verursachen. Es scheint so, als wäre ihnen das vorher nie bewußt aufgefallen. Ein Radfahrer kommt entgegen: Den Kindern fällt zunächst das Ächzen und Scheppern der Kette auf. Ein Kind lacht laut; auch die anderen finden dieses Geräusch lustig, lachen ebenfalls und werden sehr laut dabei. Ein Kind stellt erstaunt fest, daß die Kinderstimmen unangenehm laut klingen. Ein Flugzeuggeräusch erregt die Aufmerksamkeit der

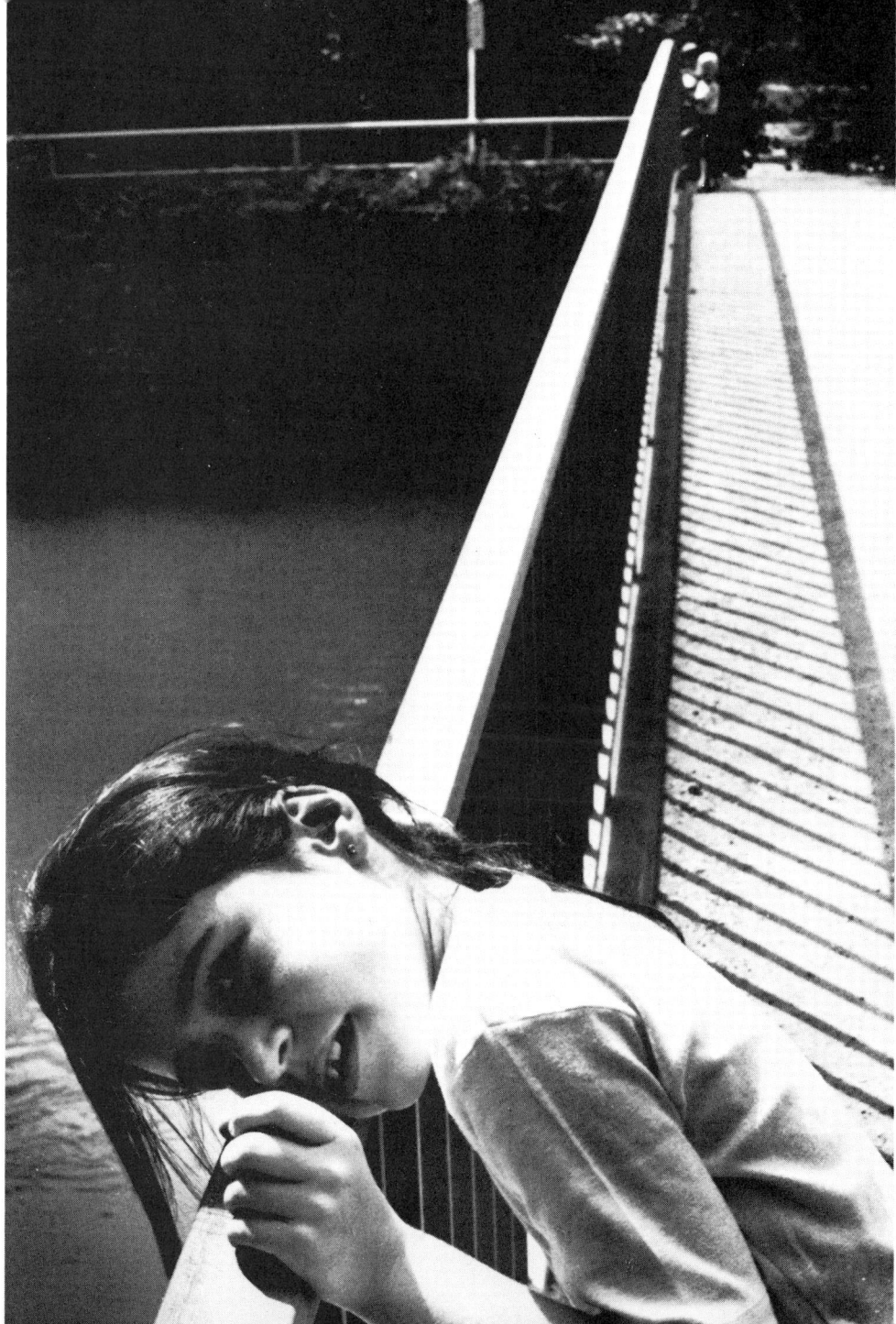

Kinder, die plötzlich wieder ruhig sind. Irgendwo schlägt eine Kirchenglocke; die Kinder ahmen sofort das Glockengeräusch mit Bim-bam-Rufen nach. Fast allen Kindern fällt auf, daß man Vögel singen hört, die ebenfalls nachgeahmt werden.

Eine Wasserpfütze erregt die Aufmerksamkeit der Kinder. Das Geräusch, das beim Durchstapfen entsteht, fasziniert sie. An einer Baustelle fällt den Kindern ein Klopfen und Hämmern auf. Auf einer Wiese spielen Jugendliche Fußball. Das Geräusch des aufprallenden Balles wird sofort mit Plob-Rufen nachgeahmt. Ein Schulkind läuft an der Gruppe vorbei; den Kindern fällt auf, daß der Schlüsselbund klappert, den das Kind am Gürtel trägt. Aus einem Haus hören die Kinder einen Staubsauger surren. Schließlich fällt ihnen sogar auf, daß ihre Hosen beim Gehen durch das Aneinanderreiben der Beine ein Geräusch machen. Nach Beendigung des Beobachtungsganges fragen die Kinder sofort, wann sie wieder etwas Ähnliches machen dürfen.

2.2   Interessante Geräusche hört man auch beim Besuch eines Bahnhofs, eines Supermarktes oder eines Bauernhofs.

3. Geräuschquellen suchen

3.1   Ein tickender Wecker wird im Raum versteckt. Die Kinder versuchen den Wecker nur durch aufmerksames Hören zu finden, bevor er zu rasseln beginnt. (Der Wecker muß natürlich vorher entsprechend eingestellt werden.)

3.2   Man kann auch einen batteriebetriebenen Kassettenrecorder, der leise spielt, irgendwo im Raum verstecken und anschließend die Kinder suchen lassen.

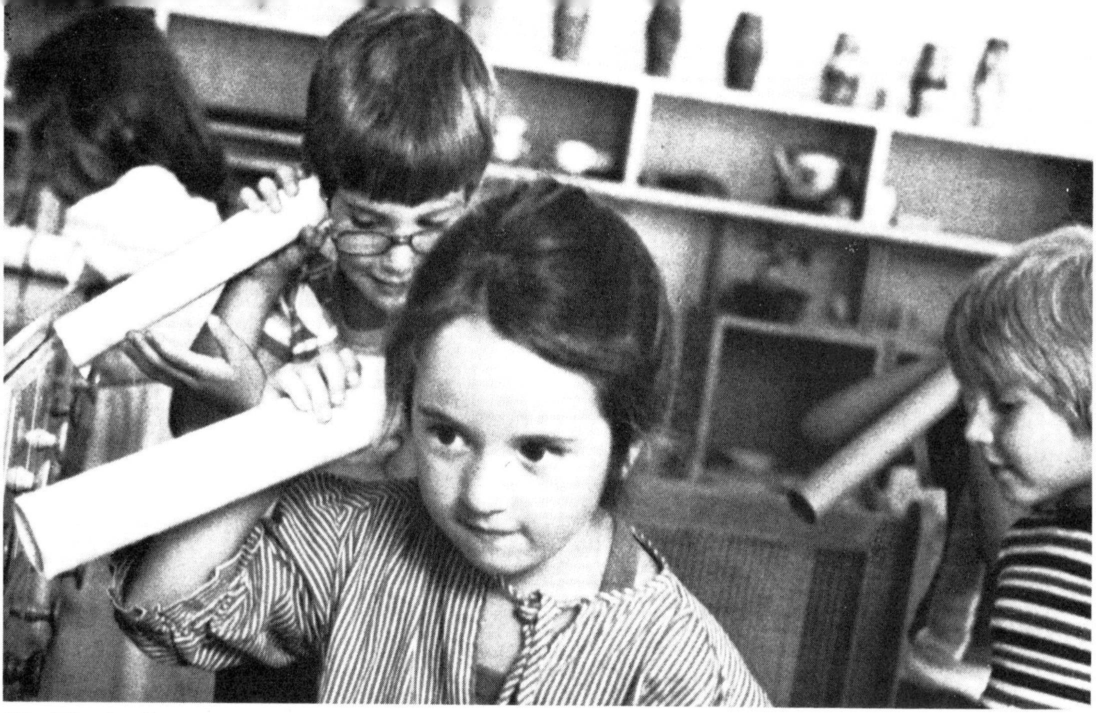

Wer hört den Wecker?

4. Körpergeräusche

4.1 Die Kinder überlegen, welche Geräusche ihr Körper macht, ohne daß sie diese bewußt erzeugen: Atemgeräusche, Herzklopfen, Gluckern im Magen, Blutsausen (hört man, wenn man sich die Ohren zuhält).

4.2 Die Kinder versuchen mit dem Körper bewußt Geräusche zu machen wie Trampeln, Klatschen, Schnalzen usw.

Wer genau hinhört, kann erkennen, welche Schuhe getragen werden.

Auch die jeweilige Gangart eines Kindes läßt sich am Geräusch erkennen.

5. Geräuschgeschichten

5.1 Es gibt zwei Wege, Geräuschgeschichten zu spielen: Man erzählt Kindern eine Geschichte, in der Geräusche vorkommen. Jedesmal, wenn ein Geräusch in der Geschichte genannt wird, versuchen die Kinder es nachzuahmen.

5.2 Der zweite Weg ist schwieriger, regt aber die Fantasie stärker an: Der Erzieher oder ein Kind spielen der Gruppe drei oder mehrere Geräusche vor. Beispiele: einen Ast brechen, ein Papier zerreißen, mit einem Hammer kurz auf den Boden schlagen. Am besten nimmt man die Geräusche vorher auf Kassette auf, damit die Kinder visuell nicht beeinflußt werden. Nachdem die Kinder die Geräusche gehört haben, versuchen sie eine Geschichte zu erfinden, die zu den Geräuschen paßt.

5.3 Zu der folgenden Geräuschgeschichte sollen die Kinder die entsprechenden Geräusche machen:
Die Mutter bittet: „Doris, räume bitte dein Zimmer auf, es sieht dort schrecklich aus!"
Doris stampft wütend mit den Füßen, denn sie wollte gerade zum Spielen in den Hof. Doch sie muß aufräumen. Zuerst zerreißt sie ein altes Micky-Maus-Heftchen und wirft die Fetzen in den Papierkorb. Eine alte Zeitung, die herumliegt, zerknüllt sie, und wirft sie ebenfalls in den Papierkorb. Eine alte Pappschachtel will sie auch wegwerfen. Da hört sie ein Geräusch: Sie schüttelt die Schachtel, und es klingt wie – ja, wie wenn Perlen in der Schachtel wären. Sie öffnet die Schachtel – tatsächlich, es sind die Perlen, die sie für eine Halskette benötigt. Eine alte Blechbüchse, die sie auch wegwerfen möchte, schüttelt sie ebenfalls. Es klingt wie – wie wenn in der Büchse Steine wären. Auch hier hatten ihre Ohren recht, in der Büchse waren kleine Steine, die sie einmal bemalt hatte. Doris stolpert beim weiteren Aufräumen über eine leere Limoflasche, die am Boden steht. „Bum" macht es, und die Flasche ist umgekippt. Doris stellt die Flasche ärgerlich auf den Tisch, damit sie nicht noch einmal darüber stolpert. Doris klopft noch die Kissen ihres Bettes glatt, atmet tief ein und ruft: „Mutti, ich bin mit dem Aufräumen fertig!"

5.4 Die Kinder erfinden eigene Geräuschgeschichten.

6. Geräusche raten

6.1 Die Kinder bringen Büchsen oder Schachteln mit, die sie mit irgendwelchen Dingen wie Steinen, Federn, Erbsen, Reis, Papier etc. gefüllt haben. Jedes Kind schüttelt seine Büchse oder Schachtel, die anderen Kinder müssen raten, was sich in dem Behälter befindet (s. auch 5.3: Geräuschgeschichte „Doris räumt auf").

6.2 Die Kinder sitzen in einer Reihe. Jedes hat ein Geräuschinstrument hinter sich. Ein Kind hält sich die Augen zu. Die Kinder führen ihre Geräusche nacheinander vor, z. B. Joghurtbecher klopfen, Gummiband zupfen, mit Besteck klappern. Das Kind, das sich die Augen zugehalten hat, versucht die Geräuschquellen zu erraten und zu benennen. Danach hält sich ein anderes Kind die Augen zu. Die Geräusche sollten während des Spiels öfter gewechselt werden.

6.3 Die Kinder nehmen zu Hause Geräusche mit dem Kassettenrecorder auf. Im Kindergarten spielen sie das Band vor. Die Kinder versuchen zu raten, welche Geräusche auf dem Band zu hören sind.

Mit einem Papier kann man Marschiergeräusche erzeugen. Erbsen in einer Handtrommel machen Regen. Ein großer Papierbogen läßt es donnern.

7. Bleistiftgeräusche

7.1 Ein Kind zeichnet mit dem Bleistift mehrmals eine einfache Figur auf Papier. Die übrigen Kinder versuchen nur am Zeichengeräusch zu erraten, welche Figur gezeichnet wurde. Folgende Figuren werden nach einiger Übung von den Kindern leicht erraten:

Punkte   Dreieck   Viereck

Kreis   Zickzacklinie   Wellenlinie   Strich waagrecht   Striche senkrecht

7.2   Die Kinder machen mit dem Stift rhyth-
mische Taktgeräusche.

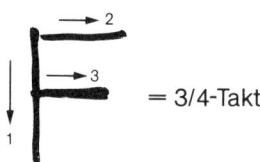 = 3/4-Takt

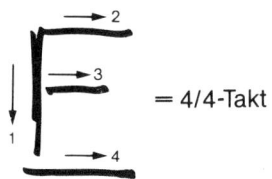 = 4/4-Takt

Man kann die Takte auch zu einer Musik zeich-
nen.

8. Geräusche nachahmen

Manche Geräusche kann man mit einfachen
Mitteln nachahmen:

Marschieren einer Gruppe
— Papier rhythmisch reiben
Donner
— große Papierbogen oder Blech schütteln
Lokomotive
— mit einer Bürste auf dem Fell der Handtrommel reiben

Regen
— mehrere Kinder klatschen leicht in die Hände
Pferdegetrappel
— Kokosnußschalen aneinanderschlagen

Die Kinder versuchen noch andere Geräusche
nachzuahmen und dazu Geräuschgeschichten
zu erfinden.

9. Schrittgeräusche erraten

9.1   Die Kinder sitzen in einer Reihe. Hinter
dem Rücken der Kinder geht jeweils ein Kind
mit verschiedenen Gangarten. Die Kinder versuchen zu erraten, wie das Kind geht (z. B. marschieren, schleichen, hüpfen, stolzieren,
schlendern . . .).

9.2   Wir lassen die Kinder verschiedene
Schuhe wie z. B. Holzschuhe, Sandalen, Turn-
schuhe bereitstellen. Die Kinder sitzen wieder
in einer Reihe. Ein Kind geht z. B. mit Holzschu-
hen hinter dem Rücken der Kinder auf und ab.
Die Kinder sollen am Geräusch erraten, mit wel-
chen Schuhen das Kind jeweils geht.

Musik

— in Verbindung mit der Tonkassette

„Musik – die offene Frage", so überschrieb der bekannte Dirigent und Komponist Leonard Bernstein eine Vorlesungsreihe, die er an der Harvard-Universität gehalten hat (erschienen im Goldmann/Schott-Verlag). In dieser Reihe versucht Bernstein zu beweisen, daß es eine weltweite, angeborene musikalische Grammatik, d. h. angeborene Deutungsregeln gibt, die es jedermann von vornherein ermöglichen, die Sprache der Musik zu verstehen. So weist Bernstein z. B. darauf hin, daß die bekannte Ringel-Reihen- bzw. Backe-backe-Kuchen-Melodie weltweit unter Kindern verbreitet ist.

In ähnlicher Weise konnten auch wir in musikalischen Versuchen und Gesprächen mit Vorschulkindern feststellen, daß es eine Reihe von musikalischen Ereignissen gibt, die von allen Kindern ähnlich interpretiert werden. So wird z. B. schnelles, lautes Trommeln meist mit Angreifen, Schimpfen o. ä. aggressiven Handlungen verbunden, während die Kinder ein leises Glissando am Glockenspiel mit Feen, Wasser oder angenehmen Erfahrungen in Verbindung bringen. Auch in der Zuordnung von hellen und dunklen Farben zu Tonhöhen sind sich die Kinder einig: Dunkle Farben gehören zu tiefen Tönen, helle Farben zu hohen Tönen. Größte Über-einstimmung herrscht in der Regel bei der Zuordnung von Rhythmus und Bewegung, also beim Tanz. Kaum ein Kind kommt auf die Idee, zu dumpfen, langsamen Paukenschlägen schnelle Hüpfschritte auszuführen.

Immer wiederkehrende, bereits bekannte Deutungen müssen jedoch nicht immer richtig sein: Prokofieff läßt z. B. in „Peter und der Wolf" den Wolf von acht unheimlich klingenden Hörnern musikalisch darstellen. Ohne Kenntnis des musikalischen Märchens würden jedoch viele Hörer die Hörner spontan den Jägern zuordnen, weil sie dabei wahrscheinlich an Jagdhörner denken. Das Beispiel zeigt, daß eingefahrene Hörgewohnheiten oft ein spontanes Erleben von Musik erschweren.

Man sollte daher bloßen Schematisierungen auskommen, ihnen entgegenwirken oder sie erst gar nicht aufkommen lassen. Das gelingt vielleicht am ehesten dadurch, daß man an die spontanen Reaktionen der Kinder auf Hörerlebnisse anknüpft, sie aufnimmt und weiterverfolgt.

Um mit Kindern über Musik sprechen zu können, braucht man ein gewisses Repertoire elementarer Begriffe, mit denen man Musik beschreiben kann. Die jeweilige Lautstärke eines Musikstückes ist ein Kriterium, das auch von Vorschulkindern rasch erkannt wird und über das sie auch sprechen können, besonders wenn eine Musik sehr laut ist. Auch über das Tempo eines Stückes können sich Kinder sprachlich äußern, vor allem wenn sie sich zur Musik bewegen und ihnen das Tempo dadurch körperlich bewußt wird. Instrumente, die man z. B. auf einer Schallplatte eines Orchesterstückes hört, können Kinder nur benennen, wenn sie schon entsprechende Hörerfahrungen haben und die Namen der Instrumente kennen. Über den Klang eines Musikstückes reden Kinder, wenn ihnen entsprechende Hilfen gegeben werden, wenn man ihnen also z. B. verschiedene Bilder zeigt und sie auffordert, ein Bild dem jeweiligen Musikstück zuzuordnen.

An den Zuordnungen von Bildern zur Musik bzw. von Musik zu Bildern kann man erkennen, daß Kinder Höreindrücke gefühlsmäßig verarbeiten. Sie können jedoch nicht über ihre Gefühle sprechen, da ihnen der entsprechende Wortschatz fehlt.

Die folgende Liste von Eigenschaftswörtern soll Erzieher anregen, im Gespräch mit Kindern über Musik mehr Wörter als nur schön, laut, leise, schnell und langsam zu verwenden:

heiter – lustig – witzig – spritzig – leicht – bezaubernd – überschäumend – mitreißend – aufregend – traurig – wehmütig – sehnsuchtsvoll – fließend – beruhigend – tröstend – unheimlich – bedrohlich – beängstigend – feierlich – schwer – wuchtig . . .

Die folgenden Musikbeispiele sind auf der beiliegenden Kassette enthalten. Zahlen geben die jeweilige Nummer des Musikbeispiels auf dem Tonband an. Wenn eine Wiederholung des Beispiels notwendig ist, muß das Band entsprechend zurückgespult werden.

Die methodischen Hinweise zu den Musikstücken haben sich in der Praxis bewährt; die einzelnen vorgeschlagenen Aktivitäten können jedoch beliebig verändert und variiert werden.

Die Musikbeispiele – d. h., die nachfolgenden zwölf Abschnitte – sind auch dazu geeignet, in bestimmte Themenkreise einzuführen:

Musikbeispiel 1 ist gut für das Thema „laut – leise" geeignet.

Musikbeispiel 2 kann in das Thema „helle und dunkle Klänge" einführen.

Musikbeispiel 3 ist ein Musterbeispiel für unterschiedliche Instrumentenklänge und auch unterschiedliche Tempi (der reiche Mann wird in gemessenem Tempo dargestellt, während die Trompete des armen Mannes hastige Triolen spielt).

Für das Thema „Streichinstrumente und Blasinstrumente" liefert Nr. 4 ein anschauliches Beispiel. Das Zwiegespräch zwischen Geige und Flöte demonstriert, wie sich Instrumente unterhalten können.

Musikbeispiel 5 zeigt, wie Musik Stimmungen erzeugen kann.

Die Orgel wird in Musikbeispiel 6 vorgeführt.

Eine erste Einführung in die Welt der Oper bietet Nr. 7.

Musikbeispiel 8 bringt einen Kanon, dessen Stimmen von verschiedenen Instrumenten gespielt werden.

Die Möglichkeit der Imitation von Tierstimmen durch Instrumente führt Musikbeispiel 9 vor.

Die Beispiele 10, 11, und 12 schaffen Verbindungen zwischen Musik und Bewegung.

1. „Sinfonie mit dem Paukenschlag" von Joseph Haydn

1.1 Der Erzieher könnte den Kindern zum Einstieg folgende erfundene Geschichte erzählen:

„Es war einmal ein Musikschreiber (Komponist), der hieß Haydn. Der hatte bemerkt, daß es Leute gab, die manchmal bei einem Konzert einschliefen, wenn die Musik sehr leise spielte. Denen wollte er einen Streich spielen. Er schrieb (komponierte) eine Musik, die am Anfang sehr leise war. Sie klang so: *Tonbeispiel 1.* Damit die Leute jedoch wieder aufwachten, falls sie bei der leisen Musik eingeschlafen waren, ließ Haydn nach der leisen Musik plötzlich das ganze Orchester mit der Pauke einen lauten Schlag spielen. Das klang so: *Tonbeispiel 2.*"

1.2 Die Kinder sprechen zu der Melodie folgenden Vers:

Lei - se die Mu - sik er - klingt: (3x)

bis zum lau - ten Schlag. bum

1.3 Die Kinder klatschen den Rhythmus der Melodie. Bei „bum" schlagen alle Kinder auf eine Trommel o. ä. Spaß macht es auch, wenn die Kinder bei „bum" eine Tüte platzen lassen.

Aus der Sinfonie mit dem Paukenschlag wird die Sinfonie mit dem Tütenknall.

1.4 Die Kinder summen die Melodie mit oder spielen auf zwei Glockenspielen mit (Teil 1 der Melodie: Glockenspiel 1; Teil 2: Glockenspiel 2).

Da die Kinder erfahrungsgemäß die Melodie öfter hören wollen, ist auf dem Tonband *(Tonbeispiel 3)* das Thema mit dem Paukenschlag dreimal wiederholt. *Tonbeispiel 4* bringt das Thema mit Glockenspielton zum Mitspielen.

2. „Aquarium" aus „Karneval der Tiere" von Camille Saint-Saëns

2.1 Wir spielen den Kindern das Musikstück Aquarium *(Tonbeispiel 5)* einmal vor und lassen sie überlegen, ob das Stück im Wald, auf dem Berg, im Wasser oder auf einer Wiese spielt. Jeder Vorschlag sollte zunächst diskutiert werden.

2.2 Der Erzieher erzählt den Kindern, daß das Stück in einem Aquarium mit Fischen spielt. Er spielt den Schluß des Stückes vor, wo man ein Glockenspiel mit einem Aufwärtsglissando hört *(Tonbeispiel 6)*. Die Kinder versuchen das Glissando mit ihrem Glockenspiel mitzuspielen. Wir denken dabei an aufsteigende Luftblasen.

2.3 Die Kinder spielen während des ganzen Stückes mit Glockenspielen, Triangel und anderen hell klingenden Instrumenten leise mit *(Tonbeispiel 5)*.

2.4 Die Kinder malen ein Aquarium mit Fischen, während sie das Musikstück hören *(Tonbeispiel 5)*.

3. „Reich und arm" aus „Bilder einer Ausstellung" von Modest Mussorgsky

3.1 Der Erzieher erzählt den Kindern folgende Geschichte:
„Es war einmal ein reicher, mächtiger Mann. Zu dem kam eines Tages ein armer Mann und bat ihn: ‚Bitte, bitte, gib mir Geld, ich habe nichts zu essen!' Der reiche Mann wollte dem Armen kein Geld geben. Er sagte unwillig: ‚Ich gebe kein Geld her, ich habe selbst nichts!' Da war der arme Mann traurig und ließ den Kopf hängen. Der reiche Mann hatte jedoch kein Mitleid. Er befahl dem armen Mann energisch: ‚Raus! Verlaß sofort mein Haus!'"

Der arme Mann bittet den reichen: Bitte, hilf mir!

3.2 Der Erzieher spielt den Kindern *Tonbeispiel 7* vor und läßt die Kinder raten, welcher der beiden Männer spricht (der reiche Mann). Danach läßt er bei *Tonbeispiel 8* raten, wer jetzt spricht (der arme Mann).

3.3 Der Erzieher spielt den Kindern den ganzen musikalischen Dialog vor und läßt sie Vermutungen anstellen, was uns die Musik sagen möchte *(Tonbeispiel 9).*

3.4 Je zwei Kinder spielen zur Musik eine Pantomime *(Tonbeispiel 9).*

3.5 Die Kinder machen zur Musik entsprechende Bewegungen mit zwei Handpuppen *(Tonbeispiel 9).*

4. „Traurige Geige und fröhliche Flöte" aus „Triosonate c-Moll" von C. Ph. E. Bach

4.1   Der Erzieher gibt etwa folgende Einführung in das Musikstück: „Eine Geige kann fröhliche und wehmütige Melodien spielen. Wir hören jetzt eine Geige, die eine sehr wehmütige Melodie spielt." (Es folgt *Tonbeispiel 10.)*

„Eine Flöte kommt dazu, sie will die Geige mit einer fröhlichen Melodie aufheitern." (Es folgt *Tonbeispiel 11.)*

„Die Geige will jedoch zunächst die fröhliche Melodie der Flöte nicht mitspielen, sie spielt wieder ihre wehmütige Melodie. Immer wieder spielt die Flöte ihre fröhliche Melodie, bis schließlich auch die Geige die Flötenmelodie mitspielt." (Es folgt *Tonbeispiel 12.)*

4.2   Die Kinder bewegen sich in zwei Gruppen zu der Musik. Eine Gruppe bewegt sich zur langsamen Geigenmelodie, die andere Gruppe zur schnellen Flötenmelodie. Zum Schluß bewegen sich beide Gruppen heiter und fröhlich *(Tonbeispiele 10—12).*

5. Unheimliche Zaubermusik „Gnomus" aus „Bilder einer Ausstellung" von Modest Mussorgsky

5.1   Die Kinder versuchen mit Orff-Instrumenten unheimliche Zauberklänge zu spielen. Triller (Hin- und Herreiben des Schlägels zwischen zwei Stäben) erzeugen eine unheimliche Spannung. Der Erzieher spielt den Kindern aus „Gnomus" eine Stelle vor, bei der im Baß unheimlich klingende Triller mit anschließenden chromatischen Läufen vorkommen *(Tonbeispiel 13).*

5.2   Die Kinder erfinden eine Zaubergeschichte, die sie mit ihren Instrumenten untermalen.

5.3   Der Erzieher spielt den Kindern *Tonbeispiel 14* vor und läßt sie dann eine Geschichte dazu erfinden.

5.4   Die Kinder bewegen sich zur Musik *(Tonbeispiel 14).*

6. Orgelmusik:
Wolfgang Kiechle an der Orgel des Freisinger Doms

6.1   Die Kinder blasen verschiedene Töne auf Flaschen. Es folgt *Tonbeispiel 15*. Die Kinder vergleichen den Orgelklang mit dem der Flaschen.

6.2   Die Kinder spielen auf der Flöte verschiedene Töne. Wenn möglich, spielt der Erzieher oder ein Kind auf der Flöte das Lied „Hänschen klein".
Es folgt *Tonbeispiel 16*. Die Kinder vergleichen Orgel- und Flötenklang miteinander.

6.3   Die Kinder singen das Lied „Hänschen klein", begleitet von der Orgel *(Tonbeispiel 17)*. Der Liedeinsatz erfolgt nach der Einleitung.

6.4   Die Kinder hören sich *Tonbeispiel 18* an und sprechen über die unterschiedlichen Klangfarben (Register), mit denen „Hänschen klein" jeweils gespielt wird. Wir unterscheiden helle und dunkle, weiche und schnarrende Klänge. Zum Schluß hören wir „Hänschen klein", gespielt mit allen Registern der Orgel. (Die letzte Fassung ist in C-Dur zum Mitspielen.)

6.5   Die Kinder lassen sich von einem Organisten eine Kirchenorgel zeigen.

6.6   Die Kinder spielen mit alten Orgelpfeifen, die man gelegentlich billig erwerben kann, wenn eine Kirche eine neue Orgel erhält. Auch bei einem Orgelbauer besteht manchmal die Möglichkeit, alte Orgelpfeifen zu bekommen.

Wolfgang Kiechle erklärt Kindern die Domorgel.

7. „Der Vogelfänger bin ich ja" und „Glockenspiel" aus „Die Zauberflöte" von W. A. Mozart

7.1 Der Erzieher erzählt den Kindern vom Vogelfänger Papageno, der immer eine Panflöte bei sich trägt, mit der er die Vögel anlockt. Seine Panflöte hat fünf Töne und klingt so: *Tonbeispiel 19.*

Die fünf Töne der Flöte können die Kinder auf dem Glockenspiel leicht nachspielen, wenn sie mit dem Schlägel einfach kurz vom g zum d wischen.

Auf der Panflöte lassen sich die fünf Töne ebenfalls leicht spielen.

7.2 Der Erzieher spricht den Kindern den Text des Liedes vor, das der Vogelfänger Papageno singt:

Der Vogelfänger bin ich ja,
stets lustig, heißa hopsassa!
Ich Vogelfänger bin bekannt
bei Alt und Jung im ganzen Land.
Weiß mit dem Locken umzugehn
und mich auf's Pfeifen zu verstehn.
Drum kann ich froh und lustig sein,
denn alle Vögel sind ja mein.

7.3 Der Erzieher fordert die Kinder auf, genau auf die Flöte zu achten, während Papageno singt *(Tonbeispiel 20).*

7.4 Nach mehrmaligem Anhören der Arie können die Kinder mitsingen.

Der__ Vo - gel - fän - ger__ bin ich ja, stets__
lu - stig, hei - ßa hop - sa - sa! Ich Vo - gel - fän - ger__
bin be - kannt bei Alt und Jung im gan - zen Land.

Weiß mit dem Lok - ken um - zu - gehn und
mich auf's Pfei - fen zu - ver - stehn. (Flöte)
(Flöte) Drum kann ich froh und lu - stig sein, denn
al - le Vö - gel sind ja mein. (Flöte) (Flöte)

7.5 Der Erzieher erzählt den Kindern, daß Papageno auch ein Glockenspiel hat. Wenn er damit spielt, müssen alle tanzen. Weil das Glockenspiel so schön klingt, tanzen die Menschen nicht nur nach der Melodie, sondern singen dazu auch folgenden Text:

Das klinget so herrlich,
das klinget so schön!
Larala la la larala!
La la larala!

Nie hab ich so etwas
gehört und gesehn!
Larala la la larala!
La la larala!

7.6 Die Kinder hören sich die Glockenspielmelodie an und tanzen dazu *(Tonbeispiel 21)*.

7.7 Teile der Glockenspielmelodie können von Kindern auf dem Glockenspiel mitgespielt werden. Auf jeden Fall ist folgende leichte Begleitung möglich:

Melodie

Begleitung
Glockenspiel
oder Xylophon

Melodie

Begleitung

8. Instrumentalkanon aus der 1. Symphonie D-Dur von Gustav Mahler

8.1 Die Kinder singen das Lied „Meister Jakob".

Mei - ster·Ja - kob, Mei - ster Ja - kob, schläfst du noch,

schläfst du noch? Hörst du nicht die Glok - ken,

hörst du nicht die Glok - ken? Bim - bam, bim - bam.

8.2   Der Erzieher erzählt den Kindern, daß der Musikschreiber (Komponist) Gustav Mahler die Melodie etwas verändert hat, und zwar so: *Tonbeispiel 22.*

8.3   Die Kinder versuchen den Text von Meister Jakob auf die veränderte Melodie zu singen *(Tonbeispiel 22).*

Mei - ster Ja - kob, Mei - ster Ja - kob, schläfst du noch,

schläfst du noch? Hörst du nicht die Glok - ken,

hörst du nicht die Glok - ken? Bim, bam, bum, bim, bam, bum.

8.4   Der Erzieher erzählt den Kindern, daß im folgenden Musikstück das veränderte Meister-Jakob-Lied nacheinander von verschiedenen Instrumenten gespielt wird, wie in einem Kanon. Zuerst spielt der große Kontrabaß das Lied, dann folgt das lange, tief klingende Fagott. Danach kommen das Cello, die große Baßtuba und die Klarinetten. Nach den Klarinetten kommt das Horn, und schließlich erklingen die hellen Flöten. Zum Schluß spielen die Violinen das Thema. Die Kinder versuchen die einzelnen Instrumenteneinsätze zu hören. Selbstverständlich hören die Kinder nicht alle Einsätze, aber sie merken in der Regel, daß das Thema von immer mehr Instrumenten gespielt wird und die Musik immer lauter wird *(Tonbeispiel 23).*

8.5   Die Kinder spielen während des Kanons mit Glockenspiel, Xylophon und Pauken folgende Begleitung:

8.6   Die Kinder machen einen langen Zug und gehen langsam zu der Musik *(Tonbeispiel 23).*

8.7   Die Kinder überlegen, was für ein Bild zu der Musik passen könnte. Jedes Kind malt ein Bild.

9. „Kuckuck" aus „Die Vögel" von Ottorino Respighi

9.1   Die Kinder spielen auf Glockenspielen, Xylophonen und anderen verfügbaren Instrumenten den Kuckucksruf mehrmals in A-Dur, also e-cis.

9.2   Der Erzieher spielt den Kindern *Tonbeispiel 24* vor. Jedesmal, wenn der Kuckucksruf ertönt, spielen die Kinder mit ihren Instrumenten mit.

9.3   Die Kinder legen jedesmal, wenn sie den Kuckucksruf hören, eine Perle in ein Schälchen *(Tonbeispiel 24)*.

10. „Una Palomita" und „Escondido" aus „Carnavalito"

10.1   Die Kinder probieren verschiedene Rhythmusinstrumente aus, die bei südamerikanischer Musik verwendet werden: z. B. Maracas, mit Schrot, Samen, Reis oder Sand gefüllte Kürbisschalen. Sind keine Maracas vorhanden, kann man auch Büchsen verwenden, die z. B. mit Reis gefüllt sind. Die Claves sind zwei kurze Stäbe aus Hartholz, die gegeneinander geschlagen werden. Schellentrommel, Schellenrassel und mit einem Stäbchen geschlagene Kuhglocken werden ebenfalls bei südamerikanischer Musik neben zahlreichen Trommeln (Bongos und Congas) eingesetzt.

10.2   Die Kinder hören „Una Palomita" an und achten besonders auf die Rhythmusinstrumente *(Tonbeispiel 25)*.

10.3   Die Kinder spielen mit ihren Rhythmusinstrumenten zur Musik *(Tonbeispiel 25)*.

10.4   Die Kinder tanzen zu „Una Palomita" *(Tonbeispiel 25)*.

10.5   Die Kinder klatschen zu „Una Palomita" z. B. folgenden Rhythmus:

10.6   Zu „Escondido" *(Tonbeispiel 26)* sind ähnliche Aktivitäten wie bei „Una Palomita" möglich. Folgender Klatschrhythmus paßt zu „Escondido":

11. Elektronische Musik aus „Oxygene" von Jean Michael Jarre

11.1   Die Kinder malen mit Filzstiften, Kohle oder Pastellkreiden zur Musik von *Tonbeispiel 27*. Zunächst werden wellenförmige, schwungvolle Bewegungen ausgeführt; beim Rhythmuswechsel wird in der Regel die Bewegung der Kinder schneller und abgehackter.

11.2   Die Kinder sprechen über die Musik von *Tonbeispiel 27* und vergleichen die elektronischen Töne mit dem Klang bekannter Instrumente.

11.3   Die Kindergruppe bewegt eine große Plane (ca. 2 × 3 m) zu der elektronischen Musik.

Die Plane stellt eine Wasseroberfläche dar. Zunächst entstehen leichte Wellen, es folgen große und hohe Wellen. Auf der Plane können auch Bälle oder Luftballons bewegt werden.

Zu vielen Musikstücken kann man auch malen.   Wie lang ist der Ton?

Die Folien werden wie eine große Wasserfläche wellenförmig zur elektronischen Musik von Jarre bewegt.

12. Bewegungswechsel, Tanzmusik des Hochbarock

12.1   Zu *Tonbeispiel 28* hüpfen die Kinder.

12.2   *Tonbeispiel 29* verlangt eine ruhige, schreitende Bewegung mit eleganten Drehungen dazwischen.

12.3   *Tonbeispiel 30* bringt die beiden vorausgegangenen Musikstücke in gegenseitigem Wechsel. Die Bewegungen der Kinder sollten jeweils mit dem Rhythmuswechsel geändert werden.

Verzeichnis der Musikbeispiele auf der Kassette mit Quellenhinweisen

Kassette, Seite 1

Joseph Haydn, Sinfonie mit dem
Paukenschlag (S. 79)
EMI Nr. 1 C 065-99873

1	Thema ohne Paukenschlag	17 Sek.
2	Thema mit Paukenschlag	17 Sek.
3	Dreimal Thema mit Paukenschlag	54 Sek.
4	Thema, mit Glockenspiel gespielt	20 Sek.

Camille Saint-Saëns, Karneval der Tiere (S. 80)
Philips Nr. 9500973

5	Aquarium	1'58 Min.
6	Aquarium, Schluß mit Glockenspiel	31 Sek.

Modest Mussorgsky, Bilder einer
Ausstellung (S. 81)
EMI Nr. 1 C 037-01390

7	Thema des reichen Mannes	45 Sek.
8	Thema des armen Mannes	30 Sek.
9	Dialog zwischen reichem und armem Mann (vollständig)	2'15 Min.

C. Ph. E. Bach, Triosonate c-Moll (S. 82)
Ariola-Eurodisc Nr. 25 425 XCK

10	Traurige Geige	35 Sek.
11	Lustige Flöte	9 Sek.
12	Dialog zwischen Geige und Flöte	1'03 Min.

Modest Mussorgsky, Bilder einer
Ausstellung (S. 82)
EMI Nr. 1 C 037-01390

13	Gnomus, Tremolo	16 Sek.
14	Gnomus (vollständig)	2'28 Min.

Wolfgang Kiechle, Variationen über
das Lied „Hänschen klein" (S. 83)
Eigenproduktion

15	Hänschen klein, Flaschenklang	40 Sek.
16	Hänschen klein, Flötenklang	45 Sek.
17	Hänschen klein mit Einleitung zum Mitsingen	45 Sek.
18	Hänschen klein, dunkler Orgelklang	4'15 Min.
	Hänschen klein, heller Orgelklang	
	Hänschen klein, schnarrender Orgelklang	
	Hänschen klein, weicher Orgelklang (Moll)	
	Hänschen klein, Dialog zwischen zwei Registern	
	Hänschen klein, voller Orgelklang, zum Mitspielen in C-Dur	

Wolfgang Amadeus Mozart,
Die Zauberflöte (S. 85)
EMI Nr. 1 C 063-29087
19 Flöte des Papageno   22 Sek.
20 Arie „Ein Vogelfänger bin ich ja"
    (Hermann Prey)   1'23 Min.
Deutsche Grammophon 104383
21 Glockenspielmelodie „Das klinget
    so herrlich"   51 Sek.

Gustav Mahler, 1. Symphonie, 3. Satz (S. 87)
CBS Nr. 61116   *Meister Jacob*
22 Kanonthema, mit Glockenspiel
    gespielt   35 Sek.
23 Kanon, mit Orchester gespielt   2'12 Min.

Ottorino Respighi, Die Vögel (S. 89)
EMI Nr. 1 C 065-02826
24 Der Kuckuck   2'28 Min.

Carnavalito (S. 89)
Mit Genehmigung des Verlages Eres,
2804 Lilienthal/Bremen, aus „Carnavalito"
(Platte eres 1710, Buch eres 2131).
Sätze: Wolfgang Jehn
25 Una Palomita
    (Argentinien/Wolfgang Jehn)   2 Min.
26 Escondido
    (Argentinien/Wolfgang Jehn)   1 Min.

Jean Michael Jarre, Oxygene (S. 90)
Polydor 2344068
27 Teile aus Oxygene   3 Min.

Tanzmusik des Hochbarock (S. 93)
Archiv 2533172
28 Schneller Tanz   45 Sek.
29 Langsamer Tanz   48 Sek.
30 Schneller und langsamer Tanz
    im Wechsel   1'47 Min.

In der gleichen Reihe sind erschienen:

Rudolf Seitz (Hrsg.)

SEH-Spiele

Sinn-volle Frühpädagogik

Nach einer Einführung des Herausgebers in die Problematik „Sehen und Seherziehung" gibt ein Team erfahrener Erzieherinnen eine Fülle von Praxisberichten, wie Kindern „die Augen geöffnet" werden können. Alle Spielanregungen sind ohne großen Aufwand im Kindergarten, in den ersten Klassen der Grundschule oder in der Familie durchführbar.
Die mit vielen Abbildungen verdeutlichten Spielformen wecken die Lust, mit den Kindern selbst so etwas zu versuchen. Die Spiele veranlassen die Kinder zu eigenen Gestaltungen, zum Sprechen, zum Nachdenken. Sie führen zu Beobachtungen in der Umgebung des Kindes, in der gestalteten Umwelt und im sozialen Bereich.

TAST-Spiele
und
RIECH- und SCHMECK-Spiele

Von Wolfgang Löscher (Hrsg.) sind erschienen:

Sand und Wasser

Spiele — Geschichten — Reime — Bilder

Zahlreiche Spielideen zum Thema Sand und Wasser geben Eltern und Erziehern eine Fülle neuer Anregungen. Geschichten und Reime von Bruno Horst Bull sowie Fotos von Christa Pilger-Feiler regen die Fantasie an und betonen die musische Förderung der Kinder bis etwa zehn Jahre.

Der Wind, das himmlische Kind

Spiele und Materialien zum Thema Naturerscheinungen

Spiele, Lieder, Tänze, Geschichten, Verse, Fotos und Dias für alle Erzieher und Eltern mit Kindern bis zu etwa 8 Jahren. Dazu gezielte praktische Anregungen, mit Kindern Wind, Regen, Schnee, Blitz und Donner, Sonne, Mond und Sterne bewußt wahrzunehmen und altersentsprechende Antworten zu geben.

DON BOSCO VERLAG · MÜNCHEN 80